讲故事，做品牌

STORYTELLING BRANDING

刘学哲◎著

中国纺织出版社有限公司

内容提要

本书从品牌故事的结构框架、切入角度、优质特点等多个角度出发，为大家梳理出一条清晰的脉络，读者按照书里所讲的写作思路和写作要点，就可以学会撰写富有吸引力的品牌故事。另外，为了方便读者理解，书中还列举了众多知名品牌的案例故事，让读者在体会大品牌的灵魂与精髓的同时也能获得丰富的写作灵感和创作技巧。这是一本系统专业且趣味性十足的工具性图书，也是一把助你工作精进的利器。本书对企业管理者、品牌文化从业者、广告行业从业者、新媒体行业从业者从事品牌文化工作有一定助益。

图书在版编目（CIP）数据

讲故事，做品牌 / 刘学哲著. --北京：中国纺织出版社有限公司，2022. 6

ISBN 978-7-5180-9513-1

Ⅰ. ①讲… Ⅱ. ①刘… Ⅲ. ①品牌营销 Ⅳ. ①F713.3

中国版本图书馆CIP数据核字（2022）第069032号

策划编辑：史　岩　　　　责任编辑：段子君
责任校对：楼旭红　　　　责任印制：储志伟

中国纺织出版社有限公司出版发行
地址：北京市朝阳区百子湾东里 A407 号楼　邮政编码：100124
销售电话：010—67004422　传真：010—87155801
http://www.c-textilep.com
中国纺织出版社天猫旗舰店
官方微博 http://weibo.com/2119887771
三河市延风印装有限公司印刷　　各地新华书店经销
2022 年 6 月第 1 版第 1 次印刷
开本：710×1000　1/16　印张：14
字数：169 千字　定价：48.00 元

推荐序

作为一个品牌营销的资深从业者，我在工作过程中看到过太多故事营销的手段和策略，同时也发现很多人在故事营销中走了不少弯路。

比如，有的人写品牌故事的时候，只是简单地把故事叙述出来，缺乏必要的渲染和烘托，这样平铺直叙写出来的东西只是向大众直白地传递一个事实，或者某些信息，根本无法使他们产生情感共鸣，更不用说调动他们购买的欲望了。

再如，有些品牌故事看起来非常假，故事情节里有很多漏洞，经不起仔细推敲，消费者看了自然不会为这样的虚假宣传埋单。我们知道，如今是一个信息高度发达的时代，人们的眼球整天充斥着各种滤镜过滤过的真假难辨的数据，所以，消费者早已对五花八门的营销广告产生了免疫。我们要想把一个故事装进消费者的脑袋里，并且依靠故事建立起他对品牌的信任感和忠诚度，其实是一件困难的事情。所以，在这种情况下，品牌故事的“真实感”就显得弥足珍贵。如果你的品牌故事缺乏这一特质，那么在与消费者沟通的时候很难让他们产生一种“的确如此”的共鸣，这样一来，你的品牌故事即使写得天花乱坠，也无法让消费者为你的品牌和产品埋单。

又如，在品牌产品同质化严重的今天，有些品牌故事没有凸显出品牌以及产品的个性，这样根本无法提升品牌在消费者心中的辨识度和记忆度，日后等他们需要消费的时候，自然也不会把你的品牌以及产品作为首选。

要想避免这样的问题再次出现，我们在撰写品牌故事的时候就要侧重对于品牌自身独特性的陈述，深度挖掘出属于品牌自身具有的个性、唯一性、独特性，这样你的品牌故事才能在差异化突围中取得胜利。

当然，关于故事营销的雷区和错误还有很多，在这里我们就不一一列举了。

俗话说："工欲善其事，必先利其器。"作为一个品牌营销人，如果你的工作还没有做到尽善尽美，自身"武功"还有待于进一步修炼，那么笔者建议大家可以入手《讲故事，做品牌》一书，这是一本系统专业且趣味性十足的工具性图书，也是一把助你工作精进的利器。

本书几乎涵盖了品牌营销人在工作中可能遇到的问题，它从多个角度告诉你写出一个有魅力且传播度高的品牌故事是有章法和技巧可言的。另外，为了把这些技巧和章法讲清、讲透，书中引用了大量经典的品牌故事案例，大家在阅读的时候丝毫不会觉得晦涩、无聊。

在一个慵懒的午后，你不经意间捧起这本书，也许只是半个小时的阅读，就能让你灵感迸发，受益颇多。

最后，笔者祝大家都能在这本书里找到属于自己的“武功秘籍”，从没章法的职场小白成功晋升为功力深厚、炉火纯青的营销王者。

著名品牌营销专家

北京赞伯营销管理咨询有限公司董事长

切割营销、品牌两极法则、章鱼的商业模式理论创始人

路长全

2022.5.1 于北京清华园

前言

美国短篇小说家弗兰纳里·奥康纳说过这样一句话：“故事是一种独特的叙事方式，任何其他方式都无法替代。”诚然好的故事确实具有极强的观感和说服力。

比如，同样写一份关于捐款的宣传材料：第一份列出某地水灾发生后各项受灾情况的统计数据，第二份则讲述一位年迈的老人眼睁睁看着洪水倒灌进房子里，淹没了他辛苦一生积攒的所有东西，无能为力的他号啕大哭。

面对同样的捐款诉求，我们肯定更倾向于第二份。这就是故事的魅力。为什么故事能更高效地提高用户的参与度，获得用户的信任感呢？这是因为我们在听故事时，大脑中有些区域和部位受到刺激，而这些不同的区域和部位协同合作，我们如临其境，如见其人，如闻其声就好像看到了故事里讲述的画面一样，情绪也变得异常活跃，也很容易和故事中的情感产生共鸣。

正因如此，很多品牌在做宣传的时候，会放弃那些枯燥无味的产品推广信息，而选择一种讲故事的方式，把产品信息植入消费者的脑海里，将品牌的内涵、精神、愿景等传递到消费者的心中。

总之，故事开辟了品牌与消费者新的沟通方式，这种方式淡化了双方的买卖关系，双方更像讲述者与倾听者。在你讲我听的过程中，故事以独特的说服艺术使消费者对品牌产生情感联结和价值认同等。这就像品牌理论创始人杜纳·E. 科耐普所说的那样："品牌故事赋予品牌以生机，增加了人性化的感觉，也把品牌融入了顾客的生活……"

虽然品牌故事拥有强大的魔力，能够增加消费者对品牌的正面认知，提升人们对品牌的信赖感和忠诚度，也能树立品牌的个性，使之在商品同质化的年代，实现品牌差异化，但是要实现这些目标并非一件易事。

品牌故事写什么样的内容，有什么样的写作技巧，采用什么样的结构模式都是需要了解掌握的基本内容；另外，如何为品牌故事赋能，一个优质的品牌故事要具备什么样的特点，怎么样讲故事才能彰显品牌个性，等等，这些问题也是需要关注的重中之重。

本书从品牌故事的结构框架、切入角度、优质特点等多个角度出发，为大家梳理出一条清晰的脉络，大家顺着书里所讲的写作思路和写作要点，就可以创作出一个有吸引力的品牌故事。另外，为了方便大家理解，书中还列举了众多品牌的案例故事，让大家在体会品牌的灵魂与精髓的同时也能获得丰富的写作灵感和写作技巧。

总之，一个受众体验良好的品牌故事的确能够强化消费者对品牌的认知，提升消费者对品牌的好感度和美誉度。而要写出这样一个优质的故事，我们就要不断地从书中汲取相关知识和技能，然后在实践中一次次地磨炼自己的写作能力，提高自己的创作功底，这样才能写出一个能充分展示品牌魅力的经典故事。

刘学哲

2022 年 4 月

目录

第一章　会讲故事的品牌，一开口就赢了

第二章　四个写作秘籍，助你写出为品牌赋能的故事

第三章　从不同角度提炼出品牌故事

第四章　经典的品牌故事都携带这些“基因”

第五章　讲专属故事，成就品牌独特魅力

第六章 跟着总裁创品牌

第一章
会讲故事的品牌，一开口就赢了

什么是品牌故事

何谓品牌故事呢？百度百科是这样给它下定义的：从品牌历史、品牌文化、品牌理念、创始人故事等角度出发，以“故事叙述”的方法，赋予品牌精神内涵和灵性，帮助具备历史传承、独特文化的品牌，完成品牌塑造、升级、发布等不同阶段的营销需求。

从它的概念中，我们不难看出，故事是一个品牌向顾客传递其诉求的载体。假如没有故事牵线搭桥，那么顾客很难对没有生命力的产品，以及和产品相关的一些枯燥数据、生硬性能、“填鸭式”宣传产生兴趣。反之，如果让品牌融入一个具有情节性的故事中，那么宣传效果便事半功倍。

某高端品牌，旗下拥有酒柜、冰箱、生活小家电、空调、洗衣机、厨房电器、热水器、电视机及整体橱柜 9 大品类、39 大系列、380 余个型号的产品。为了让该品牌的产品最大限度地走进用户的内心，它们用六个意味深长的故事做了一次教科书级别的营销。

洗衣机——《戏服》：一位年过半百的老人买菜回家，突然看见自己心爱的戏服被女儿放进了洗衣机，心里顿感焦急。后来，他才知道原来现在有一种新科技叫空气洗，在这种科技的加持下，他的戏服不仅被洗得干干净净，还完好无损。“用创新的呵护传统的”这句广告词既体现了该品牌双子云裳洗衣机的高性能，又点明了珍惜传统文化的主题。

冰箱——《酸樱桃》：人美心善的钱小姐为了助农，买了很多樱桃。为了清理冰箱里成堆的库存，她动员全家一起帮忙。可是酸酸的樱桃就连家里的小狗都不愿意品尝。“我知道，多买樱桃，对果农好，这份善意，我替你保鲜吧”这句广告词既点明了该品牌物联网双屏冰箱超强的食物保鲜功能，同时又呼吁人们要珍惜这份难能可贵的善良。

酒柜——《半瓶酒》：孙先生在公司开业那天给自己开了一瓶酒，不过他并没有把整瓶酒都喝完，而是特意剩下半瓶。为什么要这样做呢？他说，为的是在关门大吉的时候再喝。结果，这酒一放就是十年。“在我这儿，醉人的酒很多，能警醒人的，只有这半瓶”这句走心的广告词既暗暗彰显了该品牌博芬双温区酒柜的耐用性，同时也深深唤起了潜在消费群体的忧患意识，引发了大家强烈的共鸣。

热水器——《冷雨》：老李最近因为感受到职场人性的凉薄，心烦意乱，怒气满腔。不过，当妻子问他以后还会不会帮助这些生性凉薄之人时，老李想都没想就说：“帮啊，不然我跟这类人有什么区别？”“老李的心和我的一样，从来都没有冷的时候”这句广告词既表现了该品牌“瀑布洗”热水器超强的保温性，同时又警醒世人要珍惜身边那个永远怀有火热的赤子之心的人。

空调——《追风》：这个故事的主角是一群奔跑在大自然中经历严寒酷暑、风吹日晒的孩子。“只有经历过这些才知道，我对你们究竟有多温柔”这句广告词既写出了该品牌指挥家空调的舒适性，同时又告诉人们勇敢跳出舒适的生活也是一种可贵的生活态度。

厨房电器——《闪亮的日子》：这个故事主要讲述了一群年轻人相约一起聚餐的事情。厨房里，微火慢炖，香气四溢；厨房外，朋友们欢声笑语，热情拥抱，嬉笑打闹，共度美好时光。“珍惜一餐一饭的美好”这句广告词既凸显了厨房电器在日常生活中的重要性，同时也告诉我们要珍惜和朋友在一起的平凡日子。

看完这六个故事你会发现，在他们拍摄的广告画面里，没有强势宣传自己的洗衣机性能有多好，也没有讲酒柜的耐用性有多好，更没有说厨房电器的质量有多好，但是他们很巧妙地将这些事实蕴含在六个生动有趣且与之紧密关联的故事当中。

这种将品牌故事化的做法巧妙地在品牌和顾客之间搭建了情感的桥梁。大家在品读产品情感价值的同时，不知不觉地对品牌以及产品多了几分青睐和信任。

在感受完品牌故事的强大魅力之后，我们接下来要做的就是学习如何撰写品牌故事。

在写品牌故事之前，我们需要了解一下什么样的故事才算得上是好的品牌故事。首先，一个成功的品牌故事应该具备真实性和可信度，这样客户才愿意为你的产品埋单；其次，品牌故事还要引起顾客的共鸣，这样才能建立口碑效应；最后，成功的品牌故事还需要具备一定的传播性，更需要和企业的营销诉求相吻合等。

当你了解了成功品牌故事应该具备的几大特点之后，就可以根据这些标准着手准备了。在写作过程中，你可以将企业的创始人确定为故事的主角，也可以围绕产品诞生的原因、背景等展开一个故事，还可以将员工的服务过程，以及情感诉求等写进故事。总之，撰写品牌故事的时候，你可以有很多切入的角度，以上列举的只是其中的一两个。

当确定了故事的主角之后，你需要做的就是围绕故事的主角展开一系列素材的收集和梳理。而素材的筛选和取舍也是一项非常重要的工作，当你选取得当的时候，品牌故事的主题才能得到很好的体现。

素材搜集整理完毕，你就可以按照一定的故事结构撰写故事梗概，以及进行故事细节的编写和补充。当故事编写完成之后，你需要多角度地检查和修改，以保障写出的品牌故事结构精巧、引人入胜，且有足够的能量迅速打开市场。

总之，撰写品牌故事并非一件易事，写的时候需要考虑方方面面的东西。不过，当你真的苦思冥想，成功地讲出一个好的品牌故事，你会发现，它真的可以毫不费力地帮助你的企业赢得销售及利润的增长。

故事是建立品牌认同感的最佳途径

美国作家吉姆·西诺雷利在《认同感：用故事包装事实的艺术》一书中曾经讲过这样一个故事：

一天，“事实”赤裸着身子来到一个村庄，但是村子里的人看到他后都露出一副厌恶的表情。后来，“事实”受不了人们的咒骂和冷眼，选择逃离了村庄，来到小镇。

不过，来到小镇的他依旧没有转运，镇上的人们还是朝他吐口水，给他起绰号，甚至还辱骂他。悲伤而又愤怒的“事实”不得不又一次离开小镇，寻找新的居所。

后来，在午夜时分，他沿着路一直走到了一个新的小镇。作为一个屡次被嫌弃的人，他多么渴望当早上的一轮太阳缓缓升起时，迎接他的是人们和善的微笑和热情的拥抱，但现实又一次让他失望了。

这个镇子上的人看到他后，就像看到瘟神一样，纷纷躲避逃离，有的人甚至把垃圾扔在了他的身上。

伤心透顶的“事实”哭泣着离开了伤害他的镇子，一路狂奔到了大森林。在偏僻静谧的大森林里，他独自清理了身上的垃圾，默默地舔舐着伤口。

后来，他听到外面有非常热闹的声音，循声追去，才发现镇上来了一个叫“故事”的家伙。人们看到“故事”光临，纷纷夹道欢迎，热烈鼓掌，还拿出了鲜美的肉、饼、糕点来款待他。

看到“故事”被一大群人喜欢和赞赏，“事实”的内心更加低落了。后来，眼尖的“故事”瞧见了躲在角落里的“事实”，经过一番详谈，“故事”才了解了“事实”这一路走来的委屈和心酸。

“故事”非常同情“事实”的不幸遭遇，他诚恳地劝慰“事实”：千万不要袒露真实的自己，因为没有人愿意看到赤裸的事实。

接着，“故事”还帮助“事实”穿上了自己五颜六色的衣服，把“事实”打扮得漂漂亮亮。神奇的是，自此之后，摇身一变的“事实”真的变成了受人欢迎的人，“事实”不管走到哪里人们都愿意热情地招待他。

这个故事告诉我们，相比赤裸裸的“事实”，人们更愿意接受装饰华美的“故事”，换句话说，如果你想要变得人见人爱，那么就需要把自己包裹在“故事”的长袍之下。

当然，这个故事同时也给我们品牌营销人一定的启示：塑造品牌故事，是建立顾客对品牌深层次认同感的一种绝佳手段。具体来说，就是依靠品牌故事，促使顾客认可和肯定自己的品牌价值，最终让购买你产品的行为成为他们日常生活中始终如一的习惯。

那么，具体来说，什么样的品牌故事才能快速有效地建立顾客对品牌的认同感呢？故事要帮助企业树立良好的品牌形象，顾客才愿意为你的产品埋单。

2021 年 7 月，一个“某国产运动品牌的微博评论好心酸”的话题意外登上微博和各大短视频平台的热搜榜单。仔细阅读，人们才发现原来一向默默无闻且去年甚至亏损了 2.2 亿的该民族企业竟然在河南特大水灾中紧急捐赠了 5000 万元物资。

尽管捐出了数额如此庞大的善款，但一向低调的该企业并没有拿向灾区捐款的事儿来炒作或标榜自己，甚至其发布的官方微博在被网友关注之前，点赞和评论量才刚刚破百。这与那些只捐出 50 万元，就能霸占热搜的流量明星形成了鲜明对比。

很多网友了解了这一情况后，纷纷跑到该企业官方微博下面留言：“娘嘞，感觉你都要倒闭了，还捐了这么多”“买点热搜吧，我真的给您跪了，隔壁一线明星一年挣的比你多才捐 50 万元，你挣到钱了吗？”

在热心网友的强烈呼吁下，该企业硬生生地被送到了各社交平台热搜第一的位置上。这时，人们的视线才纷纷关注到了这家有家国情怀，并且只知道默默付出的良心企业。大家一下子被该企业的善举感动了，于是争先恐后地跑到各大购物平台和直播间野性消费，很快该企业抖音直播间销售额破亿，总销量超 60 万件，而线下的门店也被热情的人们一抢而空。

有担当的品牌形象是该企业的顾客争相埋单的关键所在，而该企业也依靠这一良好的品牌形象打赢了一场漂亮的翻身仗。

从这个故事当中，我们得到一个启示：帮助企业树立正面形象的故事才能算得上是一个好的品牌故事。并且，这个故事可以与企业家自身的传奇经历相关，也可以编撰出一个富有真实感的故事，还可以借助名人故事讲自己的故事。总之，不管采用哪种故事形式，都需要帮助企业树立一个积极正面的形象，这样才能够轻松改变顾客对自己品牌的看法，从而使其更加认可该品牌的产品。

另外，要想讲出一个富有感染力的故事，还需要撰写人站在顾客的立场讲一些他们认可的故事。在这个故事里，你传递的价值观和生活理念一定要和顾客相吻合，这样他们才能在共鸣感的作用下建立起对品牌的认同感。

比如，2021 年 3 月，某美妆品牌推出首部纪录片《中间泳道》，这部纪录片讲述的是某日本游泳选手改写命运重返赛场的故事。

这个故事传递出来的“坚持不懈、永不气馁，并勇敢追寻自己的命运”的价值观念和品牌潜在的女性用户的生活理念不谋而合，这样就为品牌与顾客建立起了很好的情感联结，而顾客也会因为对品牌价值的认同转换为对该品牌的喜欢或者执念。

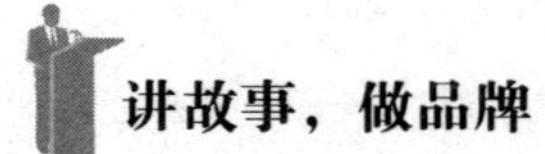

故事是品牌传播的利器

2014 年 3 月，美国的《纽约每日新闻》上刊登了这样一则新闻：一位 14 岁的少女因为身患癌症不得不接受多次手术治疗。在此过程中，她被折磨得痛苦万分。为了缓解她身体的疼痛，医院建议她在治疗前吃一些奶油。

就这样，她便成为南卡罗来纳州格林维尔市一家咖啡店的常驻客人。由于去的次数多了，她还和这家店的员工海伦成为无话不谈的好朋友。善良的海伦在了解了她的不幸遭遇后，为了给好朋友一些精神鼓励，把自己的头发都剃光了。

这是关于某连锁咖啡店的一个品牌故事。在这个故事中，那位富有爱心的员工便是该品牌最完美的诠释者，客户看到这个温暖的故事，会爱屋及乌，不自觉地和该品牌产生情感联结，而且在无意间还会成为该品牌积极的推广者。

从上面这个案例我们可以看出：一个成功的故事是品牌传播的一炳利器，借助故事本身的魅力，品牌的知名度、认可度以及美誉度都能得到极大的提升。

具体来说，故事在品牌传播过程中能发挥如下三个作用：

第一，故事是品牌信息传递的重要载体。

一个品牌故事里可以包含很多关于产品的信息。比如，产品性能、产品质量、制作工艺，以及产品销量和口碑等。用户通过这些基本信息，可以加深对品牌具象化的了解。

20 世纪 20 年代，英国有一个女游泳运动员历时 15 个小时成功横渡英吉利海峡。这一壮举在当时引起众人强烈的关注，更令众人惊叹的是，她手上戴的一块腕表在经过海水长时间的浸泡之后竟然还能准确地显示时间。这时大家才知道原来这块防水性能超级好的腕表叫“劳某某”。

在上述这个品牌故事中，即便没有详细介绍产品信息，但我们也可以从中看出产品的防水性能多么厉害。更重要的是这种故事营销的方式远远比单纯的硬广更具有信服力和传播力。

第二，故事是树立品牌形象的重要途径。

所谓的品牌形象，是指企业或其某个品牌在市场上、在社会公众心中所表现出的个性特征，它体现了公众特别是顾客对品牌的评价与认知。

成功的品牌形象能够很好地获得消费群体的认可和接受。当然，大家在认可的基础上，更有利于强化企业品牌传播，促进产品销售。

那么，如何成功树立品牌形象呢？讲一个经典的品牌故事是一件必不可少的事情。因为成功的故事能够通过各方面的细节勾勒出品牌良好的形象。

1898 年，某兄弟俩在一次博览会上无意间发现在展台的入口处放着很多大小不一的轮胎，这些轮胎按照由小到大的顺序堆在一起，就像一个人的形状。两兄弟眼前一亮，灵感爆发，对品牌的设计有了新的想法。后来他们专门找到画家欧家洛，让他根据那堆轮胎的样子创造出一个经典的卡通人物。

这个卡通人物手举一只装有钉子和碎玻璃的杯子，嘴里喊着口号："现在是举杯的时候了。"这象征着该轮胎能征服一切障碍。

在上面这个品牌故事里，该公司就是通过卡通人物的肢体动作、形象造型，以及口号等细节勾勒出该企业品牌的形象。顾客看到自己认可的品牌形象，自然会慢慢加强自身与品牌之间的关联度，由了解到认可，由认可到忠诚，由忠诚到购买，由购买到传播，这一系列环节水到渠成。

第三，故事能强化品牌定位。

品牌定位是企业在市场定位和产品定位的基础上，对特定的品牌在文化取向及个性差异上的商业性决策，它是建立一个与目标市场有关的品牌形象过程和结果。

企业要想在竞争紧张激烈的市场环境中分得一杯羹，首先就要找准品牌定位，即确定自己适当的市场位置，在顾客心中打下一个深刻的品牌烙印。准确的定位有利于品牌对目标市场以及目标用户针对性传播。

要想达到“品牌成为某个类别或某种特性的代表”的目的，企业就需要一个典型的品牌故事辅助完成。这个故事要将品牌的特质形象地表现出来，要将自身与同质化的产品和竞争中的品牌区别开来。

比如，某酒的品牌故事是这样的：“云贵高原和四川盆地接壤的赤水河畔，诞生了中国两大酱香白酒，其中一个是某酒。某酒，中国两大酱香白酒之一。”

这个品牌故事就把该酒与另一国酒进行关联定位，从而将该品牌定位在了高档白酒品牌的市场。这个就是故事贴合，并强化品牌定位的典型代表。在此过程中，品牌及定位传达至顾客心智并得到认可，顾客对品牌的忠诚度，以及品牌自身的知名度和美誉度也会得到一定程度的提升。

总之，故事在品牌传播中起着非常重要的作用，通过一个成功的品牌故事可以传递出品牌信息，吸引顾客的目光；另外，品牌故事还可以彰显品牌背后的文化内涵，传递品牌的价值观，树立品牌形象，以此引发目标人群的精神共鸣，从而增强用户对品牌的精神认同；最后，品牌故事还可以彰显自身的独特个性，然后用品牌独特的个性吸引目标用户，从而与用户建立起长期稳定的关系。

用故事实现品牌溢价

众所周知，现在市面上有很多同类型的产品，虽然性能大体相似，但价格却天差地别。比如，某冰激凌品牌被称为“冰激凌中的劳斯莱斯”，一般它的价格是普通冰激凌价格的八倍之多。为什么同样的产品，该品牌就能卖出如此高的价格呢？其实除了其考究的原料和成本极高的配比之外，成功的故事营销也起了很大的作用。

很多年前，有一个年轻的波兰小伙子，名字叫马克。马克潇洒不羁，喜欢周游各地，然而就在他途经丹麦时却遇到了一生的挚爱安娜。二人一见钟情，并打算终身为伴。不过这桩姻缘遭到女方父母的强烈反对，原因是安娜的父母认为马克经常四处游荡，且家境并不富裕，无法给女儿幸福的生活。

无奈，马克只好带着自己新学的手艺前往纽约做水果冰生意，他希望凭借自己的本事闯出一番天地，然后迎娶心爱的姑娘。后来，马克的生意做得顺风顺水，门店规模也在日益扩大，他将自己的水果冰取名为哈某某。成功后的马克兴高采烈地回到丹麦，准备和安娜再续姻缘，然而不幸的是，安娜却因为感染肺结核去世了。

听闻噩耗的马克悲痛欲绝，大受打击。后来，他想起安娜生前最喜欢他制作的牛奶水果冰，于是振作精神，怀着对安娜的爱意开启了冰激凌的制作之路。他不惜一切代价，寻找世界上最好的原材料，后来即便生活困窘，入不敷出，他也没有降低这个标准。最后，功夫不负有心人，马克终于制作出了世界上最好的冰激凌，成功开启商业帝国的大门。

这就是世界著名冰激凌的品牌故事，这个曲折凄美的爱情故事打动了无数的青年男女，大家对这样美好的爱情心驰神往。与此同时，人们也愿意掏出更多的钱，为这个凄美的爱情故事埋单。

该品牌的故事告诉我们：好的品牌故事是顾客和品牌之间的“情感”切入点，当你通过故事赋予品牌精神内涵和灵性时，潜在顾客是愿意掏出数倍之多的价钱为你的产品埋单的。换句话说，一个成功的品牌故事可以增加产品的附加值，我们把这个过程称为“品牌溢价”。

一般来说，一个品牌的价值是其产品物理价值和故事情感价值的总和。我们要想提升品牌的价值，卖出比竞争品牌更高的价格，实现品牌的溢价，就要从打造优质的品牌故事开始入手。

那么，如何让故事的价值最大化呢？首先，我们需要投入足够的脑力劳动，以及时间成本，用心打磨，这样故事才可以引起目标用户的情感共鸣，承载品牌的理念和精神，否则，根本算不上是一个有价值的故事。

著名的华盛顿大学在招聘教授时向面试者讲了一个有关“西图雅美

景”的故事。由于这个故事把西图雅描述得过于美好，所以很多人愿意接受比平均工资水平低 20% 的待遇到校任职。

可是后来有人建议在华盛顿大学内建一座大型体育馆，这可惹恼了那些当初低薪就职的教授。他们认为自己工资是由 80% 的物质财富和 20% 的美丽故事共同构成的。如今修建大型建筑，势必会破坏西图雅的美好和情趣，如果他们妥协退让，以后就欣赏不到这美好的湖光山色了，这就相当于给他们的工资减少了 20%。这样的损失他们自然不愿意承担。

后来，在这些教授的强烈阻挠下，建馆计划不了了之。

从这个案例当中，我们可以看出关于“西图雅美景”就是一个很有价值的故事，正是有了这个故事的存在，华盛顿大学才实现了品牌的溢价，而这个美好的故事一旦遭到人为破坏，品牌的价值自然会随之受损。

由此也启发我们，每一个品牌故事都弥足珍贵，我们想要让品牌的价格飙升，一定要用心呵护好故事带来的情感价值，尤其对于成熟阶段的品牌企业，这一点更是不能忽略。

第二章
四个写作秘籍，助你写出为品牌赋能的故事

收集关键信息是写好品牌故事的重要前提

俗话说：“巧妇难为无米之炊。”写好品牌故事有一个非常重要的前提，那就是收集关键信息。我们只有获得关键的品牌信息，才能有写作的素材和依据。

一般来说，品牌的关键信息包括以下四方面内容：

第一，品牌资料和产品信息。

在撰写品牌故事之前，我们需要了解一下品牌的名称信息，如品牌类型、品牌名称所体现的精神和理念等；品牌产品的外观形式信息，如外观设计、式样、包装等；还有品牌诉求信息，品牌特征信息、品牌定位信息，以及品牌的个性信息等；产品的质量、性能、规格、设计、价格以及营销服务等都是我们需要了解的重点。这些相关信息了解得越全面、充分、深刻、准确，越有利于我们写出一个有吸引力的品牌故事。

第二，目标消费人群。

明确目标消费群体是撰写品牌故事的重要前提。我们只有了解了目标用户是哪一类人，才能根据他们的需求和喜好创造出具有针对性的故事。

2009年，某快销品公司的发展遇到“瓶颈”期，为了打开突破口，公司制定了一系列项目，其中一个项目里包含了这样一个短视频故事。

某快销品公司的工作人员在纽约圣约翰大学里安装了一台可乐贩卖机，这台机器看起来非常普通，但是只要你接近它就会发现惊喜不断。有时贩卖机里会接二连三地蹦跶出十几瓶可乐，有时贩卖机会给你献上一束黄色的鲜花和一只气球狗，有时贩卖机还会送给你一块比萨……总之，这台机器好像是百宝箱，里面暗藏了很多意想不到的惊喜。这台“快乐贩卖机”很快就获得了年轻人的喜欢，有些人甚至因为意外的惊喜忍不住和这台贩卖机拥抱。

众所周知，碳酸饮料的潜在消费群体是年轻人。所以，他们的品牌故事也是围绕着年轻人喜欢的事物和喜欢的方式展开的。

第三，风格要求。

在写品牌故事之前，我们还需要明确一下故事的风格要求是什么。一般来说，故事的风格要根据品牌的形象和品牌的受众等多个因素衡量确定。

比如，高端奢侈的品牌，故事风格多是精致高雅，读起来很有质感。再如，一些适合年轻人的休闲服饰，其品牌故事的风格则应该是轻松活泼的，读起来最好给人一种欢快愉悦的感觉。

第四，品牌创建的初心和愿景。

品牌故事需要遵从品牌初心，以用户为中心展开工作，这样我们才能把握品牌的根基和灵魂。另外，品牌故事还要跟随公司的品牌战略，助力公司的品牌愿景，实现品牌的定位和升华，构建品牌全新的价值体系。

2021 年 3 月，某厨具品牌推出了一则《重构厨房想象》的广告大片。在这则广告片里，该品牌用科技的创新重构了人们对厨房的想象。首先，下厨的人可以不在厨房，手机远程操作，即可开启烹饪模式；其次，该品牌厨电开启厨艺云共享，翘首的菜可以和万家同分享；最后，该品牌厨电采用了 AI 智能语音助手，你说什么，它就做什么；此外，该品牌厨电还推出了其他一系列令人欣喜的功能：比如，一键大师菜，不会做饭照样做一桌好菜；烟灶联动，智能流量分配，多厨电协同烹饪，多媒体娱乐，一键投屏……这里有你想要的，也给你意想不到的。总之，有了该品牌厨电的保驾护航，你的厨房的乐趣会增加很多。

在上面这则品牌故事里，我们看到了该集团对未来厨电发展的创新理念，当然也展示了企业领导人对品牌的美好愿景。

我们在收集完这些基本信息之后，才能进一步构思品牌故事的框架，确定品牌故事的主题，设定品牌故事的场景等。总之，写好一个品牌故事，以上关键信息必不可少，有了这些信息做支撑，我们写出来的故事才更加有说服力和吸引力。

我们需要一个 SB7 框架“过滤器”

写出一个好的品牌故事并不是一件简单的事情。很多品牌虽然有自己的故事，但是顾客读起来枯燥乏味，无法引起情感共鸣，更别说为了故事中的情感价值而为你的产品埋单了。

那么，怎样才能避免这种情况发生呢？找一个“过滤器”把那些让顾客感到无聊的东西筛掉即可。另外，如果我们的品牌故事能够帮助顾客获得帮助和成长那再好不过了。

而要做到这些，就离不开“SB7 框架”。什么是“SB7 框架”呢？它是打造品牌故事的一个很重要工具，具体是由七个关键要素组成的：一个人物，一个问题，一位向导，一套方案，召唤行动，避免失败，获得成功。

1. 一个人物

一个品牌的好坏是从顾客的角度解读的，存在于顾客的心中。所以，我们编写的品牌故事永远要围绕顾客展开。1983 年，某计算机公司推出一款名叫 Lisa 的计算机，为了扩大该产品的影响力，CEO 投了很多钱在《纽约时报》上打广告，但遗憾的是整整九页关于计算机技术特征的阐述并没有获得顾客的青睐，最终这场自说自话的品牌营销毫不意外地惨败收场。

后来，CEO找到了一个擅长讲故事的高手，并与之展开了合作。该公司的品牌故事始终以顾客为中心，将顾客放在了故事主人公的位置，“识别出顾客想要什么—想要被看到与被听到确定顾客面临的挑战—认识不到自己潜在的天分为顾客提供一种可以用来表达自己的工具—计算机和智能手机”基于这样的思路编写故事，很快该品牌故事吸引了一大群顾客的注意，之后产品的销量也有了质的提升。

2. 一个问题

一般来说，顾客遇到的问题通常有三种：外部问题、内部问题和哲学问题。在撰写品牌故事时，我们关注的不仅仅是顾客的外部问题，更要关注其内部问题，这样才能将品牌故事的价值发挥到最大。

曾经某奢侈品品牌出了一款空气背心，售价2.6万，普通消费者看后都感到不可思议，甚至有网友留言：付我200，我用快递气柱给你搞一件。是啊，如此高昂的价格，大多数人都认为不值得，大家花几十元买个棉背心保暖效果不是更好吗？何苦掏高价买一个易碎品呢？而且裹着它，就像是行走的快递气柱。

即便如此，这款空气背心的购买人群依旧不在少数。这是为什么呢？因为几十元的普通棉背心满足的是顾客的外部需求，而几万元的空气背心满足的是顾客的内部需求。穿上该品牌的空气背心，就能彰显用户高贵的社会地位，就能收割旁人羡慕的目光，而该品牌正是满足了用户的这一心理需求，所以有了很好的销量。

当然，如果我们的故事再升华一下，提升到真善美等哲学高度，就为顾客解决了更高层面的问题，那便是营销的最高境界。

3. 一位向导

在一个品牌故事里，作为主人公的顾客会遇到一些困扰和问题，这时候他需要一位向导帮助自己解决问题。而一位向导要想获得客户的信赖，首先，要树立权威形象，即依靠名人背书，国家认证机构的推荐、翔实可靠的数据、获得的一些奖章等提升自己的权威性和专业性；其次，要懂得换位思考，了解顾客的内部需求、外部需求、哲学需求，这样才能真正帮助顾客解决问题。

4. 一套方案

要想真正坚定顾客购买的决心，向导需要为他规划出一套可以采用的行动方案。这套方案可以是一次预约面谈，也可以拟订一个协议，总之，不管是什么形式的方案，最终目的是打消客户心中的疑惑，或者令他痛苦的点。

5. 召唤行动

在品牌故事里，我们需要给客户一定的激励，这样才能促使其加快购买的步伐。而这种激励可以是直接召唤，也可以是转化型召唤。

具体来说，直接召唤包括“电话预约”“一键下单”“立即购买”等，这些环节的设置可以增加顾客购买的概率；而转化型召唤包括给顾客提供一些免费样本，或者 PPT 解说等。有了这些外部激励，顾客才能更积极主动地下单。

6. 避免失败

在心理学上有一个名词叫“损失厌恶效应”，意思是和得到相比，人们更讨厌损失。基于人们的这一心理，我们可以在故事的最后给顾客分析一下利害得失，让顾客知道购买之后会得到什么好处，不购买会有什么样的损失，这样可以让顾客了解到你提供的这套方案是保护其免受风险的，以此促使其采取特定的行动。

7. 获得成功

在品牌故事中，我们可以为顾客描述一幅购买成功后的图景，这样他就会觉得在购买了我们的产品和服务之后，生活会变得多么美好。这种场景描绘的方式，可以让顾客明白自己得到的最大价值是什么，可以给顾客一种获得成功的感觉。

总之，我们要撰写一个成功的品牌故事，就必须学会去繁从简，用故事品牌的七个关键要素筛掉那些无用信息，然后用 SB7 框架打造一个有吸引力的故事，即一个人物遭遇了一个问题，他遇到了一位向导，然后向导为他提供了一套方案，同时召唤他采取行动，帮助他避免失败，最终获得成功。

不可不知的速写万能公式

每一个成功的品牌故事背后都有一个会讲故事的人。那么，作为一个品牌故事的撰写人，如何在短时间内高效产出一个传播性广且能为品牌赋能的故事呢？下面这个速写万能公式你一定要了解一下：背景 + 矛盾冲突 + 产品。

在这个公式中，我们把背景介绍和矛盾冲突放在了靠前的位置，这样做的目的就是让顾客产生更多悬念，以此吸引他们主动往下寻找答案。而当他们在寻找解决问题的方案时，品牌的产品便自然而然地植入其中，这样既渗透式地把品牌信息植入顾客的头脑当中，又完美地解决了故事中的矛盾冲突，真可谓一举两得。

人们没有退路

但，买某某二手车有

钱没损失，就是最大的保障

这是某二手车品牌的故事。在这个故事中，“人生没有退路”既是背景，又是顾客面临的矛盾和冲突，而要解决这样的麻烦，上某某二手车就可以了，在这里顾客如果不满意，可以随时退换，钱没有任何损失，给客户提供了很大的保障。这个品牌故事就是采用了典型的“背景 + 矛盾冲突 + 产品”的写作公式。

另外，如果你想把这个品牌故事写得更加意味深长，或者更具传播力，你还可以像某巧克力品牌的故事一样，给它安上一个令人扼腕叹息的结局，这样可以给顾客创造更多想象和联想的空间。

1919 年春天，一个名叫芭莎的卢森堡公主和一个名叫莱昂的王室帮厨在机缘巧合之下相遇了，二人一见钟情，相谈甚欢。彼时，芭莎作为费利克斯王子的远房亲友，身份非常低微，根本享受不到皇室风靡一时的冰激凌，莱昂就偷偷地把冰激凌送给芭莎让她品尝。尽管一对年轻的恋人爱得难舍难分，但是阶级地位的悬殊注定了两人无法获得美满的结局。

20 世纪初，卢森堡和比利时订立了盟约，为了巩固两国关系，芭莎公主作为政治牺牲品被嫁去了比利时。临行前，莱昂给在芭莎的冰激凌上用热巧克力写下了几个英文字母“DOVE”，即“DO YOU LOVE ME”的缩写。只可惜冰激凌上的巧克力到芭莎手里的时候已经融化了。

后来，芭莎嫁去了比利时，伤心失落的莱昂去了美国，之后莱昂在美国娶妻生子，并且还开了一家糖果店。虽然莱昂已经开启了一段新的婚姻生活，不过他的心始终停留在昔日恋人芭莎的身上，莱昂的妻子见此情状，失望地离开了他。

后来有一次，莱昂带着儿子走在街上，儿子对一辆贩卖冰激凌的车紧追不舍。此时，一段关于冰激凌的美好回忆瞬间涌上莱昂心头。他回到家之后，立刻闷头研究起来，不久之后一款被巧克力包裹的冰激凌正式诞生了，这款冰激凌奶香味十足，受到了很多顾客的喜欢。而莱昂也正式把这款冰激凌命名为“dove ”。

后来，莱昂意外收到一封芭莎的信，这时他才得知芭莎一直在努力找寻自己，得到消息的他马不停蹄地赶往芭莎所在的城市，然而等他赶到的时候，芭莎已经奄奄一息了。昔日两个深爱彼此的人最终没有再续前缘。

后来回到美国，莱昂又制作出了一款固体巧克力，他在每一块巧克力上都写上了“dove”的字母，以此来怀念这份珍贵的感情。

这个品牌故事就套用了“背景 + 矛盾冲突 + 产品”的写作公式，这里的故事背景是 1919 年的卢森堡王室，而芭莎公主和厨师莱昂爱而不得便是故事矛盾和冲突的地方，结尾处引出了象征爱情的品牌产品德芙巧克力“DOVE”。

整个故事有矛盾有冲突，可读性非常强，而且令人扼腕叹息的结局又给故事增加了几分深沉悲凉的韵味。人们也从这段凄美的爱情故事当中牢牢记住了该品牌巧克力的品牌名称，从而成为该品牌忠实的拥护者。

深度解析品牌故事的通用结构

在构思品牌故事的时候，首先，我们考虑的是故事需要传递什么样的品牌精神；其次，还要考虑故事的各种细节应该以什么样的结构形式呈现给顾客。一般来说，写品牌故事通用结构为：起—承—转—合。

1. 起：故事的开头

在这一部分我们一般会搭建一个小的故事，以保证顾客参与其中，并且尽可能地引起他们情感的共鸣。这样就能很好地吸引他们的注意力，以确保他们有继续看下去的欲望。

2. 承：承接之意

这部分承接响应顾客的痛点和需求，承诺为顾客解决什么样的问题，或者提供什么样的利益，为后续的品牌角色的出现做出铺垫。

3. 转：转折之意

这一部分引出品牌产品，并且大家在引出产品时最好用名人背书、权威机构推荐等方式建立用户信任。这是一个转向内部自证的环节。

4. 合：总结升华之意

在这个环节，我们会看到品牌对人们生活方式的改变。通过这个环节的总结升华，人们对品牌的好感度和忠诚度得到了一定提高。

下面我们通过一个品牌故事进一步分析“起承转合”的结构逻辑。

20 世纪 70 年代，在日本有一位年迈的清酒酿造师，她的手细嫩光滑，吹弹可破，这样的皮肤状态与其实际年龄严重不符。这种反常现象引起了日本科研人员的注意，他们经过 5 年的辛苦研究，最后在 500 多种酵母中挑选出一种名叫 saccharomycopsis 的酵母，并且在这种特殊的酵母里提炼出一种叫 pitera 的液体，这种液体内含健康肤质不可或缺的游离氨基酸、有机酸、矿物质、无机酸等自然成分，这些成分对人体皮肤具有很强的滋润和保湿功能。

鉴于这一宝贵的发现，有人还创立了一个护肤名牌，名为“Secret Key”，即“秘密钥匙”。这就是该品牌故事的来源。多年以来，该品牌凭借专利成分“pitera”成就了一个又一个美丽的神话。

这就是该品牌的经典故事。在这个故事里，开头用一个场景故事（研究人员发现酿酒师拥有一双与其年龄不符的细嫩双手）吸引了顾客的注意。顾客看到这样反常的现象，自然好奇心爆棚，继而产生了一种继续探索的欲望。

接着故事引出了一种特殊的酵母 saccharomycopsis，并且这种酵母还可以提炼出一种能焕发肌肤活力的成分 pitera。这一部分解释了酿酒师手的皮肤状态与其年龄不符的原因，承接了上文，同时又为下文品牌的植入做好了铺垫，即起到了承上启下的作用。

另外，在“转”的部分里，故事采用权威研究人员的身份，以及一系列的数字提供信任背书，以此建立顾客信任。这就是转向内部自证的重要环节。

最后，在“合”的部分，顺利引出了品牌“Secret Key”，并且用最后一句话（该品牌凭借专利成分“pitera”成就了一个又一个美丽的神话）点明了该品牌的价值所在。

在该品牌的故事里，我们看到了清晰完整的“起承转合”的结构脉络，通过这个通用的结构脉络，我们了解了品牌产品的优势所在，也体会到了故事传递出来的品牌魅力。

学会“借”别人的故事

有一天，一个小男孩在自己家的院子里搬一块石头。父亲见状，连忙上去鼓励他：“孩子，只要你全力以赴，就一定能把石头搬起来。”男孩受到父亲的鼓励虽然信心十足，可石头终究还是太重了，不管小男孩怎么用力始终都没有挪动它分毫。

小男孩沮丧地告诉父亲："我已经尽力了，可还是搬不起来。"父亲听后，轻轻地摇了摇头，然后语重心长地告诉男孩："不，你没有想尽办法，用尽全力。爸爸就在你的旁边，你为什么不借助我的力量搬起这块石头呢？"

有的时候，我们在创作品牌故事时会感到思路枯竭，无能为力，就像故事里的小男孩一样，不会借力打力。下面笔者就用一个经典的借力故事帮助大家寻找到创作品牌故事的灵感。

20世纪90年代，某国外电影娱乐公司面临着分崩离析的危险，当时的公司人心涣散，士气低落，没有统一的愿景。在此情况下，公司的业绩也是差得一塌糊涂。没过多久，该公司就被另一家大公司收购了。收购以后，彼得成为这家公司的首席执行官。为了挽救该公司的颓势，彼得想了很多方法，后来他在一个名叫《阿拉伯的劳伦斯》的故事中获得了管理的灵感。

劳伦斯是第一次世界大战时期一位赫赫有名的英国军官。这位军官非同凡响，做事常常不按套路出牌。在一次战争中，劳伦斯在费萨尔亲王的授权下带领部队杀向了奥斯曼帝国。不过，在这次攻击过程中，劳伦斯的部队受到敌人的重创，伤亡惨重。劳伦斯的上级见此情况，赶紧命令他撤军，不过劳伦斯并没有听从上级的安排，反而将奥斯曼帝国的战略性港口亚喀巴作为重点攻击对象。

为了攻破地理位置优越的亚喀巴，劳伦斯所率领的部队吃尽了苦头，他们凭借顽强的意志力硬生生地穿越了高温炙烤、蛇蝎遍野的沙漠，最终直插敌人心脏。后来，劳伦斯在部分贝都因沙漠部落的支持，一举拿下了亚喀巴，从而彻底扭转了当时不利的战争局面。

后来，人们每每听到劳伦斯的故事都觉得不可思议：一个自命不凡的英国将领竟然能融入封建传统的阿拉伯社会，并且带领阿拉伯起义，摧毁奥斯曼帝国的亚洲部分。

彼得从这个不可思议的故事中获得了灵感，创造了该公司的标签故事。

为了重整旗鼓，将该公司从颓废的边缘拉回来，彼得每每在圣诞活动上都会给大家讲劳伦斯的故事，并且还给每一个高管颁发一张镶了边框的奥图尔身穿长袍的剧照（奥图尔是影片《阿拉伯的劳伦斯》的主演）。大家听了这个故事深受鼓舞，大声呼喊“亚喀巴”的战斗口号，这也意味着彼得将企业的所有力量都拧成一股绳。接着，彼得凭借一己之力将该公司发展成为高度统一的一体化企业，并且实现了企业的创新增长。

这就是一个关于借用的品牌故事。与上面的彼得有相同做法的还有中央美术学院的艺术家苗老师。一次偶然的机会让苗老师接触到了一些脑部残障人士，看着这些生活不便的特殊群体，苗老师心底泛起了怜悯之意，随即他的脑海中产生一个念头：设立一个专门为脑部残障人士免费服务的公益项目“无障碍艺徒”。

可是想起来容易做起来难，这个项目在刚开始筹集资金的时候就遇到了困难，那些投资的商人看到这个项目内容复杂，烧钱多，就直接失去了了解的欲望。后来，苗老师灵机一动，直接将项目内容改成了“发现中国的梵高”。由于借助了“梵高”这个知名度很大的人物，项目一下子就起死回生了，很多人觉得项目的内容和传导的价值能受到大众的青睐，所以纷纷慷慨出资。有了募集的钱，再加上“梵高”的超强影响力，这个项目很快就成功启动了。

这也是一个借用别人的影响力为自己品牌讲故事的典型代表。当然，除了这种“正借”之外，我们还可以设计一个“反借”的品牌故事。比如，茶可乐是世界知名的饮料品牌，而另一品牌可乐就用一个“非可乐”饮品与茶可乐划清了界限，但是“反借”的方式也帮助他们讲述了一个令人印象深刻的品牌故事。

不管你采用哪种方式“借”，不管“借”什么样的内容，你的品牌故事必须生动有趣、真实可信，且能传递一定的战略信息和品牌精神，否则很难抓住消费者的心。

讲品牌故事要学会渲染

在繁华的巴黎大街上，一个双目失明的老者穿着破衣烂衫，站在街头无助地乞讨。他的旁边放着一块木牌，上面写着：“我自幼失明。”街上来来往往的人不少，但是大家看见木牌上的字，却没有施舍的意思。

有一天，法国著名诗人让·彼浩勒也路过这里，他发现了木牌上的字，便问乞讨者，你这样做要到钱了吗？乞讨者满脸落寞地说道：“并没有，我什么都没有得到。”

让·彼浩勒听后拿起那块木牌，用笔快速地写下几个字，然后就离开了。到了晚上，他又一次经过这里，问乞讨者今天下午收获如何，乞讨者满脸笑意地说道：“先生，我实在是太高兴了，一下午的时间就收到很多好心人的资助。”让·彼浩勒听后非常高兴。

原来，他把木牌上的字由“我自幼失明”改为“春天到了，可是我什么也看不见！”虽然让·彼浩勒只添加了寥寥几字，乞丐的收入却发生了惊人的变化。

那么，为什么会发生这样的变化呢？根本原因还是前者只是阐述一个事实，后者在事实的基础上经过一番渲染，变成了一个具有吸引力的故事。

这启发我们：在编写品牌故事的时候，一定要学会渲染，不能单纯地罗列事实，否则无法产生生动有趣、说服受众且鼓舞人心的力量。而事实只有经过一定的润色、渲染，才能吸引用户的眼球，才能更好地把产品信息传递到用户的内心。

我们在讲品牌故事的时候不仅要渲染故事的内容，还要着重设计表达故事的方式、神情以及语气，这样也会提升品牌故事的营销效果。

某无糖口香糖曾经做过一个经典的广告，广告故事是这样的：一个公司的年轻人接受一项挑战：一边吃该品牌无糖口香糖，一边写点子，等到口香糖没有味道再停下来。结果写着写着，这个年轻人根本停不下来。我们可以看到这个年轻人把写出来的点子贴满了办公室的每一面墙，甚至公司同事的身上也贴满了他写的点子，可是口香糖的味道一直都在。

这个品牌故事就是用一种夸张方式向大众传递这样一个信息："某无糖口香糖，美味持久，久到离谱。"在这个品牌故事里，表达这款口香糖味道持久的方式经过渲染变得有些夸张，但正是因为这份渲染和夸张，才使得人们对口香糖的特点有了深刻印象。

不过，凡事都有两面性。大家在利用渲染技巧提升品牌感染力的同时也要把握好分寸，切勿让故事滑向假大空的那一端，否则，用户根本不会为品牌以及产品埋单。

总之，企业在创作品牌故事的时候，事实无法代替故事，故事也不能完全脱离事实。一般来说，在渲染的故事背景下呈现事实更能提升客户的信赖感。反之，如果故事只有夸张、渲染的成分，没有客观事实做支撑，那么这个故事势必无法取得用户的信任，从而实现品牌的传播和推广。

创作品牌故事需要遵守四个原则

我们都知道，品牌故事是一个非常重要的载体，通过故事的牵线搭桥，我们才能让品牌变得有血、有肉、有情节、有思想，当然，只有通过这种方式才能使品牌与消费者建立长久的互信。

鉴于品牌故事的重要作用，我们在写的时候就不能过于随意敷衍。在创作和撰写的时候大家需要遵守以下四个原则，只有这样才能帮助品牌更高效地传递信息，取得更好的说服效果。

第一，蒸馏原则。

在这个众口难调、个性十足的时代，你的品牌故事很难被所有人喜欢。所以，我们在写品牌故事的时候不需要面面俱到，迎合每个人的喜好，只需要通过“蒸馏”法则将复杂的信息提炼成一个精彩的故事，并赋予它吸引力，这就够了。

某互联网平台在公司成立十周年之际，发布了一个名为《每一天都了不起》的短片。短片的文案是这样的：

成长是在一瞬间发生的，还是由点点滴滴组成的？

好像那些能让别人记住的，组成了我们的人生。

（初入职场的女孩鼓起勇气走进面试办公室的画面）

只有自己知道，那些真正了不起的事，早在了不起之前就已经发生。

战胜怯懦了不起，比战胜怯懦更了不起的，是过去700天里每天给自己鼓励。

（一个全职妈妈照顾孩子日常琐碎的画面）

照顾她长大了不起，比照顾她长大更了不起的，是用1200天告诉她自己如何长大。

（一位年轻作者在幽暗的灯光下奋力写作的画面）

完成20万字的小说了不起，比完成20万字小说更了不起的，是第1400天做自己最忠实的读者。

（一对年轻的情侣从电话吵架分手到重新和好的画面）

异地1000千米了不起，比异地1000千米更了不起的，是2300天彼此交出一颗心。

（一位满脸慈爱的爷爷为心爱的孙女准备她喜欢吃的东西）

成为世界上最好的爷爷了不起，比成为世界上最好的爷爷更了不起的，是第2700次让我知道，他远比我了解的更伟大。

相伴十年了不起，比相伴十年更了不起的，是过去3650天。

记录了成长的每一刻，每一次记录都让我们成为更好的自己。点点滴滴，才是人生的波澜壮阔。

纵观人的一生，需要记录的事情实在是太多了，但这个品牌故事并没有把所有琐碎的事情都牵扯进来，而是挑选了人生中求职、照顾孩子、写作、异地恋、照顾孙子等几个关键内容展开故事。当然，正是因为这个品牌故事提炼到了人生中精彩而重要的瞬间，抓住了故事的重心，所以才很好地将故事的灵魂注入消费者心中。

第二，感官原则。

著名作家马克·吐温曾提出一项写作准则："别只是描述老妇人在嘶喊，而是要把这个妇人带到现场，让观众真真切切地听到她的尖叫声。"

写故事的时候不要只是简单地把妇人的嘶喊讲述出来，而要把用户的眼睛、鼻子、耳朵、舌头、身体和内心等感知觉器官全部调动起来，就像把一个尖叫的老妇人带到用户面前一样，这样才能给用户充分的体验和刺激，使他对这个故事里的情节留下深刻印象。

同样的道理，一个好的品牌故事也需要充分打开用户的感官世界，让他们发挥自己的想象力，以此加深用户对品牌以及产品的了解。

美国知名广告人德鲁·埃里克·惠特曼在为一款豪车写品牌故事时，他是这样下笔的：这辆车拥有宽阔如客厅的车厢，关上它那扇拱顶似的车门，准备享受少数特权者的驾驶体验。你周围都是华丽而芳香的皮革，产自国外的硬木和昂贵的威尔顿羊毛地毯，这辆车会显出你独特的生活方式……感觉到了吗？当高达453马力的强劲动力召唤你释放它们时，你的肾上腺素正飞快地流过静脉血管。

在上面的这个品牌故事里，我们既可以用眼睛看到宽阔如客厅的车厢，以及产自国外的硬木和昂贵的威尔顿羊毛地毯，又可以用鼻子闻到华丽而芳香的皮革，还可以用身体感受到肾上腺素正飞快地流过静脉血管。这种充分将视觉、嗅觉和知觉调动起来的广告故事，我们读过一遍之后即使没有看到这款豪车，也感觉就像驾驶过一样，这种美好的体验和感受一下子就激发了内心的购买欲。

第三，情感共鸣。

在如今这个信息爆炸的时代，一众品牌看得人眼花缭乱，用户只看一眼很难将品牌的信息记在心底。为了提升用户对品牌的关注度，我们必须在故事中用同理心激起用户的情绪波澜，换句话说，就是通过故事与用户产生共鸣，这样品牌才有可能实现水到渠成的超级传播效果。

某电子产品品牌在2021年中秋之际，推出了一个名为《大山里的童话》的短片故事。在故事里有一群天真善良、活泼可爱的留守儿童，他们在群山环绕的一座小村庄里无拘无束地成长。面对着秀美壮阔的山间景色，这群山里的小精灵插上了想象的翅膀自由自在地在绘画的世界里翱翔。

不过艰苦的条件让他们的创作力不能完全发挥出来。教室里一群孩子围着一只只活灵活现的兔子惊叹不已，但是看着看着，翻页画里的小兔子便没有了，大家意犹未尽地问画兔子的小男孩：“怎么没了？”小男孩低下头难为情地说：“没纸了。”局促的绘画空间，单一的绘画工具，严重限制了孩子们的创造力。为了让孩子的才华绽放出来，该品牌为孩子们贡献了一个平板计算机，孩子们收到礼物后非常欣喜。他们在这个团聚的日子里用平板计算机画出了对父母浓浓的相思之情。该品牌看到后深受感动，决定将孩子们的作品全部打印出来，然后寄给他们远方的父母。

于是，一位快递员父亲看到了这样一句暖心的话：“爸爸，你给别人送吃的，你自己也要吃好一点哦！”一位开大货车的父亲看到儿子殷切地期盼：“爸爸，你能回来陪我们过中秋节吗？给我们做好多好吃的。”一对开烧烤摊的父母看到女儿这样说：“爸爸妈妈中秋快乐，我们想顺着彩虹爬到你们那里去……”远在外地务工的父母读着孩子们寄来的心里话早已泪眼滂沱，不能自已。

这是一个扎心的品牌故事，它传递出来的这种相思之苦看哭了无数用户，大家在与品牌故事产生共鸣的同时已经把该品牌名称，以及他所做的善事牢牢地刻在了脑海里。

第四，KISS 原则。

这个原则最早来源于大卫·马梅的电影理论，是英语“ Keep It Simple, Stupid”的首字母缩写。原本用在设计领域，指设计时要坚持简约原则，避免不必要的复杂化，后来被广泛运用于故事领域。

为什么品牌故事要遵守简洁原则呢？这是因为人们面对一些复杂的信

息时会本能地产生厌倦情绪，并习惯性屏蔽它。所以企业在创作品牌故事时千万不要用繁复的信息和情节堆砌故事，这样一定会得不偿失。至于简洁性的品牌故事究竟有哪些好处呢？笔者在后面的章节会一一举例说明，这里不再赘述。

第三章
从不同角度提炼出品牌故事

讲一个与公司起源有关的故事

罗马不是一天就能建成的，任何一个庞大的商业帝国也不是短短几年就能开拓完成的。所以，对于一些历史悠久的企业来说，编写一个与品牌来源和历史相关的故事也是一种很不错的营销手段。

某百年老字号品牌就有一个无从考证的美丽传说。相传在300年前，安徽学子王某赴京赶考。在备考期间，他用父亲教给他的方法做起了豆腐生意，不过生意做得很冷清，制作的豆腐出现了严重滞销的情况。

他舍不得把剩下的豆腐扔掉，于是就按照父辈传下来的方法，把发了霉的豆腐加上盐和花椒等调料封存在坛子里。不久之后，坛盖开启，一股臭味扑鼻而来，但仔细品尝，这臭豆腐竟然口感细腻、鲜香爽口，非常美味。于是他忍不住把臭豆腐和众人分享，大家品尝后纷纷点赞称奇。

后来，王某又把臭豆腐的工艺和配方改良了一番，至此，该食物的味道逐渐定型，而他的生意也随着臭豆腐的诞生，逐渐好了起来。很多人听闻这个可口小吃，都慕名前来。

不过，生意日渐兴隆的王某在考场上却连连失意，名落孙山的他深受打击，干脆弃学经商。后来，他在延寿寺街路西开设了一家店铺，取名“王某南酱园”。该店铺主要售卖臭豆腐，另外还兼营酱豆腐、豆腐干及各种酱菜。

同治年间，经过数次改良的王某臭豆腐被搬到了慈禧太后的餐桌上，慈禧太后品尝着这道御膳小菜，心里甚是喜欢，不过她觉得“臭豆腐”这个名称不够雅致，因着该吃食呈方形，且着青色，便赐名“青方”。

被慈禧太后赐名之后，王某臭豆腐的知名度得到了质的提升，就连清末状元孙家鼐都为“王某南酱园”写了两副藏头对子：

致君美味传千里，

和我天机养寸心。

酱配龙蟠调芍药，

园开鸡跖钟芙蓉。

冠顶横读为“致和酱园”。

这就是该品牌的故事。读完这个一“臭”300年的故事，消费者进一步了解了该品牌的历史渊源以及发展过程。当然，大家在体会其深厚的历史底蕴的同时，也进一步加深了对该品牌的了解和喜爱。

另外，我们需要注意的是，讲品牌的历史故事重点不是故事本身，而是看这个故事能不能将品牌和消费者联系在一起，即故事传递的精神能不能引起目标用户的情感共鸣。下面某顶级高奢品牌的品牌故事就实现了这一目标，成为一个成功的典型案例。

1883 年，在法国南部的索米尔小镇上出生了一个小女孩，名叫安可。安可小时候的生活过得很清苦，6 岁时母亲就离世了，而狠心的父亲把她和妹妹送进了孤儿院。在孤儿院长大的安可从小就养成了坚强独立的性格。

18 岁那年，安可离开了孤儿院，步入社会。她一边做编织工作，一边在酒吧兼职唱歌。在唱歌过程中，她有了“Coco”的艺名，同时也搭上了上流社会的一个重要人物伊万，伊万的出现为她后来商业版图的缔造提供了很多帮助。

当时，安可针线技术非常娴熟高超，她缝制出一顶又一顶简洁舒适的帽子，并且很自豪地戴着它们走在巴黎的大街上。伊万也利用自己的影响力，为她介绍了不少名流客人。渐渐地，这些简洁耐看的帽子受到上流社会的欢迎，一时间，安可的帽子吸引了全城老百姓的目光。

安可的生意越做越红火，野心勃勃的她不再满足于帽子，后来她还步入了高级定制服的领域，设计出了很多全新的款式，比如西装褛加入女装系列。

1924 年，安可遇到了自己的爱情，对方是有才且富有的王室贵族，但一向骄傲独立的安可并没有选择与之步入婚姻的殿堂，而是经历了短暂的恋爱之后就分手了。

20 世纪 30~40 年代，“二战”爆发，安可把她的店铺关掉，随即隐退。

直到1953年，这位骄傲女王才回到了人们的视线里。彼时，她曾经工作过的地方早已残破不堪，厚厚的尘土、满屋子的蜘蛛网、生锈的缝纫机，都没有挫败这位女王回归的决心。她凡事亲力亲为，并且追求绝对的精致，为了检查每件衣服的线条是否整齐，她甚至躺在了地上。

后来，这位70多岁的老太太又设计出了很多爆款产品，比如，短厚呢大衣、喇叭裤、针织滚边套装等，这些服装一上市就俘虏了一众巴黎仕女的心。而安可品牌也凭借诸多爆款服装获得了高达1.6亿美元的销量额。

1971年，安可在巴黎去世，享年88岁。纵观安可的一生，她从社会底层一步步地走向时尚巅峰，凭的就是其特立独行、坚强勇敢、努力认真、追求优雅自由的个性。这种可贵的精神赋予了品牌独一无二的特征，同时也吸引了无数消费者的喜欢。大家认可安可传递出来的品牌精神，当然也愿意为这样富有个性的品牌埋单，而安可也凭借独特的品牌魅力书写出了自己的传奇故事。

从产品纬度挖掘品牌故事

撰写品牌故事的切入点有很多，如果你的企业恰好没有悠久的历史，也没有可追溯的故事，那就不妨从产品角度挖掘故事。下面提到的某可乐品牌就依靠一个神秘的配方故事赚得盆满钵满。

1886年5月，化学家约翰刚把精心调制好的健脑药汁放下，就被一位神经大条的店员不小心倒进了苏打水，店员原本以为自己会受到很大的惩罚，谁料这阴差阳错的混搭竟然调制出一种气味奇特且略带刺激性的饮料，就这样，可乐正式问世。

后来，这款饮料一上市就受到很多年轻人的喜欢。可乐一边大肆售卖产品，一边又大张旗鼓地把饮料的配方锁进了银行的保险箱。据传，这款饮料除了包装上显示的糖、碳酸水、焦糖、磷酸、咖啡因等之外，还有另外一种神秘配料“7X商品”。那么怎样才能找到这款神秘的配料呢？有人说，只有公司董事长、市长、可乐配方的指定继承人在指定时间内同时到场才可以打开保险柜取出配方，也有人说这款神秘的配方是由三个身份绝对保密的人保管着，且每个人只掌握配方的1/3，为了安全起见，他们还签署了“永不泄密协议”，协议规定每个人决不能将手中的配方泄露给其他两个人，另外，更不允许他们同时乘坐同一架飞机。

这个关于可乐配方的故事越传越神秘，对此有人给出了这样的神总结：“你永远不知道的三个问题：可乐的配方、女王的财产和好男人究竟在哪里。”

那么，可乐的配方真的有那么神秘吗？所谓的最高机密“7X商品”是否真的存在呢？其实从后来爆出的震惊世界的“可乐秘方失窃案”，以及继可乐之后诞生了许多口味真假难辨的可乐品牌就可以看出，所谓的配方故事只不过是可乐高层营销的一种高超手段。

可以肯定的是，很多人对可乐购买的理由都不是因为它的口味，而是口味背后故事带来的神秘感。换句话说，当人们习惯了在可乐中感受这份神秘，顾客对品牌的忠诚度也就在不知不觉中建立起来了。

当然，很多成功的品牌售卖的不仅仅是产品，更多的是服务。就像某知名餐饮品牌一样，它依靠极致的服务建立起了自己的口碑，造就了一批忠诚度极高的顾客。

下面笔者就通过几个该品牌的故事了解一下品牌的由来，以及品牌极致的服务。

早在20世纪90年代，该品牌创始人张某就和妻子舒某靠着东拼西凑来的8000元钱开了一家火锅店，然而就在给新店取名字的时候，张某却犯了难。后来，妻子舒某在跟别人打麻将时和了牌，恰好就是“海某某”。一旁的张某灵感乍现，随即把火锅店的名字取为“海某某”。

在发展壮大过程中，张某始终把人看作是该品牌的生意基石。对待客户，把“顾客就是上帝”的宗旨贯彻得淋漓尽致。比如，人们在其店里吃火锅，一只脚还未进门，热情的服务员就站在门口迎接；冬天戴眼镜的人走进店内，眼镜片上会雾蒙蒙一片，什么也看不见，贴心的服务员会立马递上眼镜布，以方便你擦拭；坐定以后，服务员就殷切地走上去帮你端茶倒水、送围裙、挂外套；女孩头发长了，不方便用餐，服务员甚至会帮她扎头发；有客人被蚊子咬了，其服务员就跑到马路对面买了风油精和止痒药递给客人；还有人发微博说自己肚子痛，怀疑和昨晚的该品牌火锅有关，没过多久，就收到该品牌的私信，他们询问客人现在情况如何，并表示如果难受可以去看病，该品牌会给他报销医药费。

这样极致的服务帮该品牌换来了越来越好的口碑，品牌的传播度和忠诚度日渐提升，影响力也越来越大。

讲到这里，也许很多人会有这样一个疑惑，为什么该品牌的每一位员工都能把服务做到极致呢？答案很简单：那就是张某把员工当家里人。首先，其员工生活环境非常好，他们住着正规的房子，人均住宿面积不低于6~8平方米，而且房间里夏有空调，冬有暖气，上网还全部免费，最重要的是，居住地和工作地离得很近，步行20分钟即到。其次，店长级别以上的员工如果有孩子在北京读书，还可以获得公司每年12000元以内的学费补助，另外，经理级别以上的员工每个月还可以获得200元补助，用以补贴家里的父母。

其员工除了享受极高的物质待遇，还拥有公平的竞争机会。很多服务员从底层做起，慢慢积累一些经验，获得了一定的能力，也能走上管理的岗位，这样公平公正的晋升渠道对于员工来说未来充满了希望。

从上面的品牌故事中，我们可以看到客户在享受了极致的服务和满意的饭食之后，对品牌满意度大大提升。另外，当大家听到关于其员工福利之后也会忍不住为这样的良心企业点赞，当然消费者在喜欢和信赖之余，也会不自觉地成为该品牌故事的讲述者和传播者，这样这一品牌的知名度就会越来越大，业绩也会越来越好，从而形成一种良性发展态势。

用创业者的经历讲述故事

品牌创始人对于企业的发展至关重要，而一个好的品牌创造者的故事更可以为企业注入灵魂，也可以让自身品牌的内涵变得更加丰富。那么，我们应该如何讲好关于创业者的品牌故事呢？下面是几个比较常用的讲述方法。

1. 励志型

这是品牌故事撰写中一种常见的情节。这类故事大多是创业的主人公背负了一个艰巨的挑战，接着他们克服重重困难，最后创业成功。这类品牌故事最具代表性的人物就是某国外快餐品牌创始人哈兰。

1890 年 9 月 9 日，哈兰出生在美国印第安纳州的一个农庄里，命运多舛的他小小年纪就失去了父亲，母亲为了养活哈兰兄妹三人，身兼数职，日夜工作，疲惫不堪。而哈兰为了帮妈妈分担责任，从小就照顾着弟弟妹妹的饮食起居。正因如此，小哈兰很早就学会做二十几道菜，是一个小有名气的烹饪能手。

后来，母亲改嫁，哈兰与继父相处得并不融洽。为了逃离他不喜欢的家庭氛围，哈兰早早就辍学离家，步入社会。年轻的哈兰做过消防员、粉刷匠、养路工、销售员、治安官。等到四十岁的时候才开了一家加油站稳定下来。在工作期间，他看到太多长途跋涉的司机因为来不及吃饭而饥肠辘辘的样子。哈兰心想：我为什么不能做一些方便的食物让他们饱腹呢？后来，他一边在小厨房做家常菜招揽顾客，一边亲自研究快餐，终于推出了炸鸡的雏形。

这个特色食品一经推出很快就被一抢而空，大家吃着炸鸡赞不绝口。很多人甚至为了一饱口福，特意开车来到加油站。随着顾客越来越多，原本规模很小的厨房早已不能满足客户的需求。哈兰不得不在马路对面专门开一家炸鸡店。在这个初级的炸鸡店里，他继续钻研炸鸡的配料，升级它的配方。最后，当炸鸡的口感处于最佳状态时，调料已经增到 40 多种。正是有了这个秘密武器，哈兰赚得了不菲的收入。后来，为了解决供不应求的矛盾，哈兰还创造了用高压锅烹制炸鸡的独特做法。因为哈兰为烹饪事业做出了很大的贡献，所以他还被授予该品牌上校的美称。

然而，就在哈兰的生意做得红红火火的时候，第二次世界大战悄然而至了。一时间，由于局势的变更，哈兰由原来的富翁变成了“负”翁，领着每个月 105 美元的救济金，哈兰心里很不是滋味。他冥思苦想，最后决定变卖自己最具价值的东西：炸鸡秘方。但是这个时候完全没有人信他，大家都把他当成了胡说八道的怪老头，根本没有人意识到他炸鸡的商业价值。不过，哈兰并没有因为别人的否定和嘲笑就此放弃，他整整做了两年的宣传推广工作，被拒绝了1009次，然而就在他第1010次走进一个饭店时，转机终于出现了，他成功地把自己的炸鸡秘方兜售了出去。

后来，哈兰凭借着对炸鸡质量的严格把关，以及坚持不懈的精神，获得了更多加盟商的认可。在短短5年时间，哈兰已经授权了400家连锁加盟店。

哈兰在经历了人生的起起伏伏之后，终于再次站在了人生的顶峰，这位励志的老人用不凡的一生告诉世人："全力以赴，做到最好。"当然，这是老人的人生信念，也是对该品牌文化的最好诠释。

2. 自我拯救型

很多品牌故事，为了让故事显得更加曲折，也会加入一些"栽跟头""误入歧途"的情节。利用这些情节，丰富故事主人公的阅历。另外，创造主人公勇敢创业，实现自我拯救的故事情节，也给读者很强的代入感，同时增强了故事的可读性和传播性。相关的品牌故事有某服装品牌的《陈某：我曾经生产出的服装都是垃圾》《王某：从网瘾少年、大学生创业者到总理的座上宾》等。

下面我们就该品牌的故事展开分析：

2011年的该品牌是最热闹的。公司人员扩充到了上万人，仅总裁级的领导就有三四十位。为了达到年销售额100亿元的目标，公司设置了几十位副总、两三百位总监。但这种虚假繁荣也让该品牌一步步陷入危机。

创始人陈某一时被胜利蒙蔽了双眼，他不停地砸钱扩充企业规模，扩大产能，然后把所有精力都放在管理上万的员工身上，却把公司的价值管理抛之脑后。后来，在一次谈话中，好友雷某指出了该品牌剧烈的增长和浮躁扩张背后的不合理之处，但陈某却不以为然，觉得雷某有挤兑他的意思。

2013年，陈某邀请雷某参观该品牌，面对该品牌展出的所有样品，雷某说："感觉不是站在一个品牌店，而是百货市场。"这句话犹如当头棒喝，一下子让陈某认识到自身问题，从此以后陈某开启了改造模式。首先，他去组织架构、实现KPI，然后集中所有时间和精力去研究产品。为了做出有大牌气质的白衬衫，他甚至千里迢迢来到日本请教某衬衫大师。

其次，陈某带着精简过的团队以用户需求为导向，在服装制作的工艺上精益求精，力求做出专注、极致且有口碑的产品。

以上就是该品牌的故事。如果你看多了励志型的品牌故事，突然看到像该品牌这样"大佬误入歧途，不慎栽跟头"的情节，也会感觉眼前一亮，心中增加几分了解和阅读的兴趣。另外，这个品牌故事也向世人传递出这样一种人生感悟：人生海海，起起落落，谁也不能免受挫折，即便是成功人士，也会在波折中摸索前行，但是只要我们有足够的反省精神，不断向前看，未来会充满希望。当然，该品牌也是用这样的精神和理念与受众产生情感联结和价值认同，从而使受众建立起对品牌的信赖与忠诚。

3. 反差型

经典的品牌故事有很多，其中反差感强烈的故事便是其中之一。这类故事会想方设法设置鸿沟，然后主人公跨越鸿沟障碍，最后做出一番惊人的事业。具有代表性的品牌故事有《北大硕士：我为什么毕业要去卖米粉》。

2014 年，张某结束了北大的硕士学习生涯，但他并没有像家人、朋友所期望的那样，去律所、机关或者出国，而是选择开一家米粉店。一个高学历人才为什么会选择一份起点如此低的工作呢？在他的文章里我们找到了答案。

张某是一个思想独特且不安于现状的人，他觉得找工作并不是找一个谋生的手段，挑选工作也应该按照自己的理想，而不是选择那种每天通勤两个小时的律师生活，更不是过循规蹈矩的公务员生活。后来，他放下了社会对岗位高低的偏见，选择了自己喜欢的理想生活——开一家餐馆。

想法确定后，他邀请了三个朋友一起来做这件事情，很快经营米粉的想法得到了朋友们的认可和支持。于是三个满怀热忱的小伙子回到了张某的常德老家，到每个米粉店一碗一碗地试吃，最终锁定了一家口味最正宗的米粉店。他们认真地拜师、学艺，然后买一把小秤一小勺一小勺地称量每一种中草药、配料的分量，接着通过常德餐饮协会邀请到当地最有名的几家米粉店的主厨品尝，最后才制作出重要配方。

关键技术掌握之后，三人又马不停蹄地来到北京，他们满城搜寻合适的店面，最后在金台夕照的环球金融中心找到了。等相关的手续办妥之后，这个店便紧锣密鼓地开始营业了。

筹备开业的时候，三人的积蓄都用光了，为了挣生活费，他们甚至干了三份兼职，但这种内心有光的日子虽苦犹甜，即便忙到半夜，他们仍然干劲十足，用执着和热爱书写着他们未来的人生。

在上面这个品牌故事里，我们可以看到两个差异巨大的事物，一个是北大硕士的高学历，另一个是低门槛的卖米粉职业。这两个反差极大的事物融合在一起，很容易让人产生一探究竟的想法，大家在阅读故事的过程中自然也就了解了张某创办的米粉品牌。另外，这种有为青年励志创业的故事也能激励感染年轻用户，这样用户对品牌的喜爱程度自然会有所增加。

以上就是关于创业者经历的三种常见写法，不管使用哪种写法创造品牌故事，大家都应该明白品牌故事的最终目的都是让消费者与你的品牌之间产生独特的情感联结，从而使客户在情感共鸣的基础上对你的产品产生购买行为。

巧用历史人物和历史典故讲品牌故事

很多品牌名称都与古代的人物和历史典故有一定的关联。创作者们可以利用这一点创造一个带有神秘色彩的品牌故事。

据说周朝时期，在渭水河畔有一条作恶多端的蛟龙。这条龙仗着自己有些本领，经常从水里钻出来祸害百姓。

有一次，外出狩猎的文王姬昌正好撞见了行凶作恶的蛟龙，于是他命令手下立即用弓箭射杀蛟龙。手下得到指令后，一齐把蛟龙当成了箭靶子，顷刻间，长五丈重千斤的蛟龙身负重伤，一头栽倒在地。

因为当时社会上流传着“蛟龙肉能延年益寿和驱恶辟邪”的说法，所以周文王下命令将蛟龙肉剁成碎块，加了调料做成了臊子。

当时人多肉少，周文王为了军队里的人都能享用这道美食，想了一个绝佳的办法。他让厨师在盛有面条的碗里浇上汤和蛟龙臊子，但是士兵们不能喝汤，只能吃面，剩下的汤再次倒进锅里，分给下一拨人享用。就这样，在循环往复过程中，不仅士兵吃上了蛟龙肉，就连老百姓也跟着沾了光。

后来，人们仿照蛟龙臊子面的做法，做成了猪肉臊子面。这道美食浇汤而食，香味浓郁，流传至今，已有千百年历史。

这就是岐山臊子面的品牌故事。这个故事里既有神话故事，同时又融合了真实的帝王狩猎的情节，读来非常新奇有趣。另外，故事中出现的历史人物，以及历史情节也让该品牌增加了文化内涵和历史底蕴。

当然，利用历史人物给自己品牌做故事营销的除了岐山臊子面，还有叫花鸡。

相传在清朝年间，浙江杭州一带的叫花子喜欢将捡来或者偷来的鸡放在烧熟的土里烤制，最后做成了一道香喷喷的美食。有一次，乾隆微服私访来到江南，意外品尝到了“叫花鸡”。饥肠辘辘的他面对这道美食狼吞虎咽，喜不自胜。事后，他询问赠予者这道食物叫什么，赠予者不好意思说“叫花鸡”，于是随口给它改成了“富贵鸡”。乾隆听后对这道美食大加赞赏。

事后赠予者才知道自己施舍的对象竟然是当今权力最高统治者皇上。而“叫花鸡”也因为皇帝的缘故变成了一道名菜。

这就是叫花鸡的故事。在这个故事里，一个叫花子吃的鸡竟然能和高高在上的皇帝产生关联，属实有些意外，不过这样离奇的情节也增强了故事的趣味性和可读性。另外，这道菜有了乾隆皇帝的背书，更能增加用户对品牌的信赖度。

当然，我们在创作品牌故事的时候，除了使用历史人物之外，还可以借用历史典故。比如，中国人都知道中秋佳节广寒宫内月兔捣药的历史典故。一家药业公司就利用了这个典故将自己的品牌取名为“月兔坊”。

这种带有历史典故的品牌故事有利于增强品牌的文化内涵，提高品牌的格调，还能给消费者带来亲切感，缩短了品牌和消费者的心理距离，从而增加了消费者的购买动机。

最后，笔者想跟大家说的是，不管采用哪种方式创作品牌故事，都要遵循写作的基本规则，将故事的人物、时间、地点、起因、经过、结果都交代清楚，这样才能算是一个完整的品牌故事。

典型事件也可以是一个好的品牌故事

撰写品牌故事有很多切入角度，除了前文提到的几种写作角度之外，我们还可以把企业发展过程中所发生的典型故事作为品牌故事。笔者下面提到的某计算机品牌“报价门”事件便是事件型品牌故事。

2008 年，该公司在网络上销售一款名为 2707WFP27 英寸液晶显示器时，将原本 8999 元的售价误写成了 2515 元。用户看到大幅度的降价，瞬间蜂拥而上，争相抢购。第二天，该公司才发现这次失误，但他们表示客户之前抢购的订单全部无效。该公司的这一举动，无疑引起了人们的抗议和不满。

几天之后，该公司就错报价格一事向公众道歉，他们还承诺对经过沟通后不同意取消订单的用户，将按照已下的订单执行。

对于这次“报价门”事件，很多人认为这就是该公司利用事故走的一步促销的高招。为什么大家会有这样的认知呢？其实这还得从此次营销的2707WFP27英寸液晶显示器说起。

众所周知，这款显示器是在2007年首次推出的，虽然推出之时，这款产品绝对属于高端产品，但是一年后，28英寸和29英寸的液晶显示器相继面市，而27英寸液晶显示器早已失去技术优势，而价格却居高不下，如果再不降价，那么放在那里肯定是没有销量的。而要通过降价博取竞争优势，也不是一件容易的事情，因为在如今的市场环境中，人们目之所及都是“大甩卖”“大促销”“跳楼价”之类的字样，所以对降价处理有了天然的免疫力，如果此时降价处理，根本吸引不了顾客的注意力。

那么，如何在降价的同时引起广泛传播呢？编造一个事件型品牌故事便是一种最理想的做法，于是该公司的“报价门”事件便应运而生了。

该公司的这次“报价门”事件，看似很吃亏，其实依靠巨大的销量稳稳地赚了一笔。这种依靠典型事件，吸引眼球，打开品牌知名度的操作除了该公司，还有某国酒品牌。

1915年2月20日，巴拿马万国博览会在旧金山开幕。当时的北洋政府以“某某公司”的名义，将土瓦罐包装的某酒搬上了博览会参展。不过，那时的西方国家根本瞧不起身着长袍、梳着长辫子的中国人，他们把中国人视作“东亚病夫”，对中国人带来的酒也不屑一顾。

作为中国代表的陈琪看到备受冷遇的该酒心里十分着急，他自知中国的该酒质量上乘，不该被这样埋没，于是心生一计，佯装失手摔坏了一罐。

该酒被打翻之后，顿时浓香四溢，惊艳众人，人们纷纷好奇地过来品尝。很快，大家被该酒幽雅细腻、酒体醇厚的味道所吸引，当场表示该酒比“白兰地”“香槟”更具特色。就这样，该酒走进了评委的视线里，最后被一致评定为世界的白酒，而且获得了补发的金奖。

事件型的品牌故事如果撰写成功，一定会给用户留下深刻印象，这对于品牌的知名度和美誉度的提升会有很大帮助。

大家在写的时候一定要把事件的人物、时间、地点、起因、经过、结果表述完整，这样才能方便用户加深对故事的理解。当然，大家在阅读和理解品牌故事的同时，也会把品牌的名称，以及形象深深地刻在脑海里。

写一个地理特色型故事

独特的地理优势是创造品牌故事另一个切入的角度。如果你的品牌和得天独厚的地理环境有关联，那么不妨像某矿泉水一样，写一个地理特色型故事。

1789年，一个名叫利亚德的法国人患上了肾结石。有一天，他正好来到了某小镇，得到了卡特绅士花园的泉水。因为当时很流行矿泉水疗法，所以利亚德也想尝试一下。巧的是，喝了一段时间这个花园的泉水之后，他的病竟然奇迹般地好了。某矿泉水治病的奇闻很快传到了当地每个人的耳朵里，就连专家都好奇地拿这里的水做实验，以此证明该水的疗效。

自此之后，该水成为当地人的宝物，医生们把它列入药方，卡特绅士敏锐地察觉到了这个商机，于是用篱笆把泉水围起来，然后向外出售该水，而外地的人也纷纷涌入这个小镇，都想品尝一下这种神奇的水。后来，还有人专门开了一家用该水洗澡的浴室。

总之，该水的影响力越来越大，几乎全法国的人都想体验一下这神奇的水。

后来，当地政府授权卡特把泉水装在水罐里卖到外地，再后来法国卫生部门还“认证”了该矿泉水的疗效。这一系列的操作无疑把该矿泉水的销量推到了顶峰。而拿破仑三世及其皇后也因为对该水的喜爱，给它赐名为“Evian les Bains”，意为“某浴室”。

众所周知，该水的成功与其产品的品质有很大关系，但是“好酒也怕巷子深”，该矿泉水之所以能被积极传播，上面这个品牌故事也为其口碑传播提供了很大的助力。

当然，依靠地理特色讲品牌故事的企业除了该矿泉水品牌之外，还有很多，比如某酸奶品牌就依靠长寿村的神奇秘密，打开了品牌的知名度。

世界上有一个著名的长寿村，它就是这个长寿村位于欧洲南部罗德比山脉谷地里。居住在这里的村民每天都有一个雷打不动的生活习惯：饮用自酿的酸奶。

渐渐地，人们发现当地人的健康长寿与他们长期饮用的自酿酸奶有很大的关系。诺贝尔奖获得者、俄罗斯科学家梅契尼科夫对此现象也感到非常好奇，他来到神秘的长寿村做了一系列的探讨和研究，结果发现长寿与酸奶的确有一定关联，后来梅契尼科夫还在不少著作中提到了关于酸奶和长寿的研究理论。

国内某乳制品生产者，也沿着梅契尼科夫的脚步探索到这个长寿村，并且他们还将当地自酿酸奶中的活性菌种引入中国，酿成了独特的风味酸牛奶。

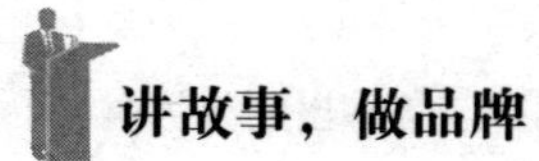

这就是该酸奶品牌的品牌故事。在这个故事中，特意让自家的乳制品与闻名世界的长寿村产生了联结，这种得天独厚的地理优势加入故事当中，无疑会提升品牌的形象，加深用户对品牌的信赖感，从而达到提升销量的目的。

如果你的品牌与优越的地理环境有关，那么你可以打造一个地理型的品牌故事，来实现品牌推广。另外，如果你想通过营销的手段为某个得天独厚的地方做宣传推广，你也可以创造一个和地理有关的故事。如果你能把这个地理型的品牌故事讲好，那么未来的收益不可限量。

在美国有一个很穷的州叫艾奥瓦州。这里的人们保持着农耕文明，生活得非常清苦。后来当地领导看中了这里的发展潜力，试图通过发展旅游业来实现经济营收的目标。可难的是这里的景点虽多，但都缺乏具有底蕴和内涵的名胜古迹，这让艾奥瓦州的旅游业开发潜力大打折扣。

为了解决这个问题，州长斥巨资请当时一位有名的作家写了一部长篇小说《麦迪逊县的桥》，而小说中的麦迪逊县是艾奥瓦州的一个著名县城。后来，这部小说成为当时的爆款作品，还被拍成了电影《廊桥遗梦》。而这个经济不发达的地区也因为这个影响力巨大的文学故事成为人们趋之若鹜的旅游胜地。

从视觉设计延伸品牌故事

人是视觉动物，所以很多消费体验需要我们进行形象的设计和氛围的烘托，这样用户才有一个好的感官体验。你要想在视觉上俘获用户的心，首先需要学会用品牌的各个元素讲自己的故事。比如，品牌 Logo 的设计暗藏着什么寓意，背后又隐藏着什么故事。这种将视觉设计延伸品牌故事的方式，也可以赋予品牌更丰富的内涵。

某化妆品品牌 Logo 是字母“E”“L”的柔美组合。那么他们为什么会有这样的设计呢？其实该品牌标志的背后还有一定的讲究呢！

该品牌创始人从小由捷克籍的父亲马斯克和匈牙利籍的母亲爱莉在皇后区抚养长大。年幼的时候，爸爸妈妈给她取了一个小名叫 Esty。这也是品牌名称“雅诗”（Estée）的由来。从小，她就对美容化妆有很浓厚的兴趣，后来在伯父的引导下开启了创业之路。

因为她希望自己创立的品牌能为每个女性带来美丽，所以在设计 Logo 的时候，故意采用粗细变化的线条写成了字母“E”和“L”，她认为这种丝般顺滑的变化正好象征着女性推崇的优雅和内涵。

这就是关于该品牌 Logo 背后的故事。在这个品牌故事里，我们不仅通过标志设计感受到了品牌的形象，还通过其暗含的寓意了解了品牌的理念和内涵。

当然，这种将视觉设计延伸品牌故事的写法不仅运用在化妆品领域，在汽车领域也很常见。比如，某世界顶级豪华轿车品牌的车标就源于一个浪漫的爱情故事。

英国保守党议员蒙塔古喜欢上了一个名叫桑顿的女秘书，尽管此时的蒙塔古已经结婚，有了自己的家室，但是对爱情向来执着浪漫的他根本不愿意为妻子和家庭妥协。有一次，他购买了一辆该品牌 10/HP 后，脑海里竟然产生了一个疯狂的念头：将自己情人桑顿的形象设计成车标。为了达成目标，蒙塔古还特意请来英国著名画家兼雕刻家赛克斯。

当时的舞蹈界正在发生翻天覆地的变革，领头人富勒正带着大家摆脱过去的束缚和死板，将舞蹈带入了一个全新的视觉领域和动感世界。在这种情况下，桑顿身着紧身长纱，站在了巴黎歌剧院的舞台上。随着悠扬的音乐响起，身姿曼妙的桑顿翩翩起舞。在灯光的映衬下，桑顿摇曳生姿，圣洁唯美，犹如女神一般。

这一切把蒙塔古看呆了。而赛克斯也因为这一系列完美的舞姿灵感迸发，几经修改之后，飞天女神的形象终于设计成型了：一位被细纱长裙包裹的女神弯曲双腿，身体探向前方，似乎在凝视着远方。到了 1911 年，这个女神形象便成为该品牌车的车标。

这个故事讲到这里还没有结束，相爱的两人虽然在后来经过重重困难走在了一起，不过可悲的是，他们的生活并没有迎来一个完美的结局。第一次世界大战期间，蒙塔古根据政府的要求来到了印度考察机动化部队，桑顿也跟着他来到了这里。在此期间，两人登船出海，在海上意外遭遇德军水雷，桑顿不幸遇难，永远沉入了冰冷的大海，而蒙塔古捡回了一条命，从此孤独地生活着。

这就是关于该品牌车标的故事。这个故事里的感情浪漫唯美，真挚热烈，引起了很多人的艳羡和向往。人们通过这段浪漫凄美的爱情故事进一步加深了对品牌的认识和了解。另外，消费者也从品牌故事中受到感染或冲击，激发起潜在的购买意识，从而成为品牌的忠实购买者。

最后笔者想提醒大家的是，我们在围绕视觉设计写品牌故事的时候，不仅可以从现实的人物身上寻找灵感，还可以虚拟众多人物。比如迪士尼公司就推出了一系列经典的卡通形象：唐老鸭、狮子王、小熊维尼等，围绕着这些虚拟的人物，我们也可以继续编写品牌故事。

让客户参与到品牌故事中

2013 年春节，北京某商场展开了一场“你敢喊我就敢送”的营销活动，这场热闹非凡的活动是某凉茶品牌主持策划的。路过的消费者只要对着改造过的自动贩卖机（内设声音感应设备）大喊“过年来罐某凉茶”，贩卖机就能通过智能识别，自动弹出一罐某凉茶送给参与者。当然，大喊的声音要达到一定的分贝。这样一场新奇的活动瞬间吸引了 5000 多人参与，大家站在贩卖机前兴奋地叫着，看见有饮料掉出来，周围人更是欢呼雀跃，鼓掌庆祝。

这是一场非常成功的营销活动。因为大家体验了营销活动，并且感受极佳，所以愿意把这次愉快的体验分享给周围的人，一传十，十传百，最后该凉茶用仅仅八个小时的时间就影响了 90000 多人。换句话说，这个品牌聪明地让消费者参与到营销活动当中，然后依靠客户的力量实现了品牌的传播。

从中我们得到这样一个启示：客户参与是品牌传播的一大利器，我们在创作品牌故事的过程中，也可以让客户与产品产生互动，这样品牌故事里就有客户自己参演的角色，而客户也会在良好的体验中慢慢地变成品牌的信赖者，以及品牌故事的推广者。下面笔者列举的这个某国产电子产品品牌故事就是典型的用户参与的故事。

某国产电子产品品牌的掌门人雷某曾经说过：“用户就是该品牌产品的产品经理，通过其产品用户开发平台，听取用户声音，快速试错，快速迭代更新，让用户深度参与到其产品的开发过程中，这就是该品牌的互联网开发模式。”

雷某是这样说的，也是这样做的。该品牌的很多产品都是通过发烧友的反馈意见不断改进的。为了更方便地与用户讨论产品、交流需求、收集意见，该公司专门设立了小米社区、QQ空间、微信、米聊、MIUI论坛、微博、创客见面会等渠道。通过这些渠道，该品牌收到了用户反馈的很多问题，其中有些创意的设计小米都采纳了，而且其产品的研发、测试，用户也全程参与。总之，该品牌把用户的参与感发挥到了极致。就像雷某所说的那样，MIUI的功能1/3由某粉决定，2/3由品牌自己决定。

在其品牌故事里，它让用户参与到产品价值创作过程中，充分调动了用户的积极性，给了用户一种自己很重要的感觉。当然，正是因为有了这种深刻的印象，用户才乐此不疲地把其故事讲给周围的人听。另外，该品牌一旦与客户之间建立起情感的纽带，客户也会更大概率地选择购买它的产品。

第四章

经典的品牌故事都携带这些“基因”

真实性：品牌故事打动人心的一大法宝

营销界一直流传着这样一句话："讲故事是最有效的提高用户参与度和说服用户的方法。"要想让品牌故事说服用户，获得用户的信赖感，提升用户参与的积极性，那么打造故事的真实感是一个非常必要的环节。一个品牌故事只有具备了真实感和可信度，人们才会愿意倾听，才会在倾听的基础上产生信任，在信任的基础上为你的产品埋单，另外，也愿意将你的品牌以及产品推荐给自己的亲朋好友。换句话说，具有真实感的品牌故事才是打动人心的制胜法宝，才是提升品牌知名度，扩大品牌影响力的关键所在。

某汽车养护品牌在成立十周年的时候就推出了一系列 TVC，通过这些 TVC 为我们讲述了六个具有真实感的品牌故事：

第一个故事：《父子》

一个年轻的男孩要离家上大学了，心有不舍的妈妈临行前对儿子千叮咛万嘱咐，生怕他不适宜新的环境。而一旁不善言辞的爸爸则默默地开着车拉着儿子走在了上学的路上。一路上，父子俩很少说话，但一旁敏感的儿子还是觉察出了爸爸生活的不易。

炎热的天气里，爸爸热得满头大汗，而他仍然舍不得打开车里的空调；车子出了问题需要保养，可爸爸就是收藏着修理店的名片舍不得过去修理一下。孝顺的儿子把这一切都看在眼里，他偷偷地帮爸爸预约了该汽车养护品牌保养的订单。分别之际，他还特意转过头来嘱咐爸爸一定要保重自己的身体。爸爸感受到了儿子的孝心，心里倍感欣慰。“你的前方是孩子的前程，我们的前方是你的每一段路都走得稳”这句广告词既精准地概括了万千父母真诚质朴的心愿，也阐述了该汽车养护品牌真诚的服务理念。

第二个故事：《倒车》

一对年轻夫妻正打算倒车，丈夫从旁絮絮叨叨地指挥着，可是手握方向盘的妻子怎么也倒不到合适的位置。慢慢地，妻子变得焦躁起来，她直接走下车，把这个表现的机会让给了丈夫，丈夫一脸轻松地坐上了驾驶室的位置，得意地说：“有那么难吗？很简单的。”可打脸来得太快，不一会儿小车就在丈夫一通操作下撞上了路边的石头。看着掉漆的车子，妻子气不打一处来，但是丈夫却很淡定地拿出手机，叫来了该汽车养护品牌的工作人员，很快受损的车子就被修好了，夫妻俩又高高兴兴地走在了回家的路上。“你的前方是好好掌握方向盘，我们的前方是让你没有后顾之忧”这句广告词既是该品牌对每一位顾客的安全忠告，又是自己对顾客的真挚承诺。

第三个故事：《冒雨》

漆黑的夜晚，一位30岁的都市白领下班后冒着瓢泼大雨走在了回家的路上。可是车行到半路，突然出现了故障，男人只能打着伞下来查看，这时妻子打来了电话，提醒他接下来会有暴雨，路上有积水，要他小心一点，赶紧回家。男人匆匆回复了几句就挂掉了电话，他赶紧拨通了朋友的电话，企图寻求朋友的支援，可是电话那边迟迟没有人接听，他只好自己顶着大雨硬着头皮修。由于雨势太大，扛着工具的他没走几步就摔倒在水坑里。

就在这狼狈紧急的关头，男人的身后缓缓驶来一辆车，热心的车主探出头来询问男人遇到了什么困难，在得知男人的车胎被扎之后，车主毫不犹豫地走下车来帮他耐心地换起了车胎。一通熟练的操作之后，车胎很快就被换好了，男人从车主的穿着以及熟练的动作看出他是该品牌专业的维修人员。男人赶快从口袋里掏出钱以作酬谢，不过维修小哥马上拒绝了，并且还贴心地嘱咐他："这个雨会越下越大，您路上一定要注意安全。"

男人望着维修小哥远去的背影，心里感激得说不出话来，最后千言万语只化作一句真诚的"谢谢"。"你的前方是拼搏的日夜，我们的前方是为您保驾护航"这句广告词既道出了成年人生活的不易，又传递出了该品牌乐于助人，风雨无阻的服务理念。

第四个故事：《看不出的改装》

一位音乐发烧友每天下班都会在车里听一会儿音乐，缓解一下工作的压力。可是有的时候放在家里的碟片会被调皮的孩子当成玩具，这就导致碟片破损，影响了正常使用。为了经常能听到舒缓的音乐，这个男人决定对车内的音响进行改装升级。音响经过该品牌专业人员的改装之后，果然大大提升了男人的听觉体验。“你的前方是热爱生活，我的前方是让你的热爱更近一点”这句广告词体现了该品牌的服务范围广、专业能力强。

第五个故事：《回乡》

一位货车司机卸完货物之后，着急地走在了回家的路上。车的前方挂着一个小姑娘的照片，这个小姑娘看起来乖巧可爱、聪明伶俐。她是司机师傅挚爱的宝贝闺女。这个女孩学习勤奋，成绩优异，一直是司机师傅心里的骄傲。今天是小女孩十岁生日，一向勤俭节约的司机师傅给自己的女儿买了很多礼物，一个跟车的小伙子拿起一个精致的小盒子好奇地摆弄着，司机师傅生怕小伙子弄坏礼物，惹得女儿伤心，所以赶紧出面制止了他。

归心似箭的司机师傅恨不得马上回到家，可不巧的是车子突然坏在半路上。女儿在电话里催着让父亲赶紧回家，而被困在路上的父亲却急得焦头烂额。后来，司机师傅在小伙子的提醒下拨通了该品牌的电话号码，不大一会儿工夫，提供紧急救援服务的该品牌人员便来到这里，帮他快速修好了车子。结束之后，维修人员还好心提醒司机师傅，回到市里记得给车子做一个全面的检查。“你的前方是归家的路，我们的前方是你的一路平安”这句广告词传递出了该品牌雪中送炭、温暖人心的力量。

第六个故事：《最后一单》

一位四十来岁的网约车司机擦洗完车子之后开启了新的一天的接单任务。在这一天里，司机师傅碰到了各式各样的乘客，有的乘客带着自己的孩子，在车里胡吃海喝，面包碎屑掉了一地，可他们却丝毫不在乎；有的乘客带着女朋友旁若无人地秀恩爱，根本没有一点忌讳；有的乘客在车里忘情地打游戏，一边打一边大声叫喊，丝毫不觉得自己的行为欠妥；还有的乘客着急赶路，一个劲儿地催司机师傅开快一点……总之，这位司机师傅的一天过得忙忙碌碌，身心疲惫。等到休息的时候，发现车里已经脏得不成样子了。可是为了不耽误第二天出车挣钱，他还着急地赶去汽车修理店擦洗。不过好在该品牌的工作人员热心，看到司机师傅着急，就破例把关掉的店门重新打开，给他非常认真地做了一遍清洁工作。“你的前方是努力的每一天，我们的前方是让你的努力不白忙”这句广告词既道出了成年人的心酸，同时也体现了该品牌温暖体贴的服务精神。

读完这六个品牌故事，给人的第一感觉就是真实。在第一个故事里，我们可以看到不放心离家远走的孩子而絮絮叨叨的母亲，为了省几个钱，舍不得开空调的父亲，以及看到父母生活艰辛，欲言又止的儿子；在故事二中，我们可以看到小心翼翼，精神高度紧张的女司机和一旁不停指挥，不停吐槽的丈夫；在故事三中，我们可以看到都市白领为了碎银几两深夜冒雨回家的狼狈；在故事四中，我们可以看见工作压力巨大不得不靠音乐缓解情绪的丈夫；在故事五中，我们可以看到一位省吃俭用，哪怕自己手机坏了舍不得换，也要为心爱的女儿买她喜欢的礼物的慈爱父亲；在故事六中，我们可以看到为了生活为了赚钱不得不啃干馒头，忍受客户各种坏习惯的网约车司机。

上面这些故事里的主角不是光鲜亮丽的明星，也不是位高权重的政要，更不是腰缠万贯的企业领导，而是一个个普普通通的老百姓，他们为了生计，为了养家糊口，生活得异常辛苦、狼狈，他们的种种艰辛、委屈和无奈揭露了现实中成年人生活的真相。从这些客户群像中，我们好像看到了自己，故事里这些具有真实感的事件只要轻轻一触碰就能让我们崩溃泪目，心底泛酸。

当然，该品牌为了更加凸显品牌故事的真实感，不仅在人物设定和情感经历中贴近现实，而且在台词的设计上，也很用心。每个人物都操着一口方言，听起来亲切且真实。另外，为了增加品牌故事的可信度，这则广告在每个小故事的后面都添加了这则故事的人物原型以及详细介绍。

该品牌就是用这种接地气的，具有真实感的故事激发消费者情感的共鸣，从而趁势把自己的品牌信息、品牌理念等强势植入用户内心。

总而言之，真实感的品牌故事能戳中受众的情绪按钮，激发他们的共鸣，从而使得品牌轻松俘获用户的心。我们要想编写一个富有真实感的品牌故事，就需要像该品牌那样，观察目标用户的生活，捕捉他们的痛点和内心需求，这样才能真正走进用户的心里。

戏剧性：曲折的故事才能让客户欲罢不能

你能想象依靠一个经典的故事就获得百亿的回报吗？下面这个曲折离奇的爱情故事就真的帮助云南石林景区收获了一大波关注度和超高的经济回报。

从前有一个美丽的姑娘，名叫阿诗玛。她有一个青梅竹马的恋人阿黑，二人情投意合，感情甚好。不过，这段美好的爱情最终还是被当地的财主热布巴拉破坏了。

热布巴拉的儿子阿支觊觎阿诗玛的美貌，多次上门提亲，不过忠贞的阿诗玛都坚决回绝了。财主一家见威逼利诱行不通，就直接趁阿黑到远方放羊之际派人抢走了阿诗玛。阿诗玛誓死不从，遭到了财主一家的毒打，随后被关进了小黑屋。阿黑听闻消息，急忙赶来营救阿诗玛。

阿支不愿意放人，又提出种种刁难的条件，他要和阿黑比赛砍树、接树、撒种。不过，他哪里是阿黑的对手，经过几轮比赛，阿支输得一塌糊涂。输掉比赛的热布巴拉一家恼羞成怒，又准备放出三只猛虎伤害阿黑。勇猛强壮的阿黑趁老虎不备，射出三支箭杀死了它们。热布巴拉见猛虎都敌不过阿黑，心里有点害怕，于是答应放了阿诗玛。

阿黑高兴地备好大马等候在热布巴拉大门口，不过他左等右等都没有看到阿诗玛的身影。原来心黑且狡猾的热布巴拉又变卦了，他还是不甘心就这样放走阿诗玛。气愤的阿黑朝着热布巴拉的家射了三箭，一箭射在大门上，二箭射在堂屋柱子上，三箭正中堂屋供桌上，阿黑射箭速度极快，力道极重，热布巴拉家用了五头牛都没有把箭拔出来。

这时，热布巴拉终于害怕了，他打开小黑屋，放走了阿诗玛。不过，狠毒的他并没有打算就此放过阿诗玛和阿黑两个可怜的年轻人，他又偷偷勾结了崖神，趁阿诗玛和阿黑过河之际放出洪水卷走了阿诗玛。阿黑绝望地呼喊着阿诗玛的名字，但是阿诗玛已经化成了一座美丽的石峰，永远地矗立在那里。

上面这个爱情故事一波三折，颇具戏剧性：看到原本恩爱的恋人被拆散的情节，人们的心头不禁紧张起来；男主人公阿黑为了幸福，勇闯财主家，人们对他们未来的幸福又多了几分期待；阿黑遭到刁难，被要求参加条件苛刻的比试，大家又为他捏了一把汗；比赛结束，阿黑赢得比赛，获得了营救阿诗玛的机会，大家又松了一口气；财主一家言而无信，再次放虎伤害阿黑，人们心中也跟着燃起一股怒火；阿黑打倒老虎，成功营救阿诗玛，对于大家来说又是心头一喜；财主勾结崖神构陷男女主角，从此相爱的恋人不能相守，人们无不为之扼腕叹息。整个故事情节跌宕起伏，新鲜的冲突和刺激不断出现，人们的情绪也跟着起起伏伏。

当然，也正是因为有了如此曲折离奇的故事情节，才受到了社会广泛的传播。阿诗玛善良、坚贞、勇敢的精神感天动地，也为整个石林注入了灵魂。每年大量的游客受到这个故事的感召，纷纷涌入云南石林景区。据人民网报道，在2021年国庆期间，云南石林风景名胜区共计接待游客21.75万人次。而云南石林景区也因为这个曲折离奇的故事赚得盆满钵满。

与平淡乏味的故事相比，一个充满曲折离奇且具有戏剧冲突的品牌故事更具有吸引力和传播性。所以很多企业为了把品牌植入客户的内心，都在想方设法地讲一个扣人心弦、跌宕起伏的故事。

连续性：优质的品牌故事是一部小型连续剧

在如今竞争激烈的市场环境下，产品的创新和更新迭代已经成为企业必然的发展趋势。而与之相应的，品牌的精神内涵势必也会发生变化。为了多方位地诠释品牌的个性和内涵，我们需要围绕一个品牌讲多个故事。下面笔者以某洗护品牌为例，详细解读一下它不同时期的品牌故事。

1999年，随着改革开放政策的落实，有一大批小企业赶不上时代的发展被迫倒闭，随之而来的便是一大批工人无奈下岗。在这样的时代背景下，该品牌洗衣粉拍摄了一则名为《懂事》的应景广告：广告里，一位被迫下岗的妈妈东奔西跑，但找不到合适的工作，所以她总是唉声叹气。而懂事的小女孩看到妈妈辛苦的背影，就想默默帮助妈妈干点活儿，帮她分担一下家务。只见她踩上一个小板凳，在柜子上取下一袋该品牌洗衣粉，然后用稚嫩的小手小心翼翼地把小勺子上冒尖的部分洗衣粉撇下来，认认真真地洗起了衣服，最后她把洗好的干干净净的衣服晾在了外面。画面里孩子一边干活，一边播放了她的一段内心独白："妈妈说，该品牌洗衣粉只要一点点就能洗很多很多的衣服，可省钱了，看我洗得多干净。"

画面一转，天气已经很晚了，小女孩独自一人在沙发上睡着了。妈妈从外面回来，看到小女孩留在桌上的纸条，上面写着："妈妈，我能帮你干活了。"妈妈看着眼前懂事的女儿感动得无以复加，她流着泪一把抱住了熟睡的女儿。此时画面出现了两袋该品牌洗衣粉，上面还写着几个大字："只买对的，不选贵的。"

这个品牌故事温暖催泪，故事里小女孩的体贴和孝心一下子戳中了多少母亲的心。那个时候很多女性突然失去了工作，经济压力很大，有了这个温暖故事的慰藉，心一下子就破防了。这个品牌故事传递的至真至爱的亲情也深深地烙印在了消费者心里，一下子拉近了品牌与消费者之间的距离。另外，故事里的很多细节都在告诉人们，该品牌洗衣粉很划算，一点点洗衣粉就能洗很多衣服，这种实惠划算的产品能够帮助大家渡过难关。这种接地气的品牌优势自然能够更好地赢得消费者的认可和信赖，大家看了这个故事，自然而然会把该品牌当成自己购物的首选。

时间来到了2001年，该品牌洗衣粉又推出了一个激励人心的品牌故事，故事的名字叫《上岗》。这个故事里出现了很多不同工种的工人，有机床厂的钳工，有轴承厂的会计，有化工厂的检验员和宣传干事，还有钢铁厂的锅炉工等，大家各自在工作岗位上奋发向上，努力进取，耳畔回荡着一首铿锵有力的歌曲："昨天一切悄然逝去，只是记忆中的荣誉，为那期待的眼光，越是艰难越要坚强……"在故事的结尾，该品牌洗衣粉给大家留下了意味深长的几个字："努力就有机会。"这个品牌故事与当时的社会热点紧密相连，继续以一种朴实的姿态激励大众，传递出了积极的能量，同时凸显和升华了品牌个性。

2006年，该品牌又推出了新一代超效洗衣粉，这个时候，他们又推出了一个主题为污渍的品牌故事，在这个故事里：一个新出生的宝宝给高举他的爷爷身上撒了一泡尿；一对恩爱的年轻夫妻擦拭着玻璃上的污渍，满怀憧憬地收拾着自己的新家；在野外一家三口一边嬉戏，一边擦车，欢声笑语久久萦绕在青山绿水之间。在这几幅生活场景中，虽然处处都有污渍，但是有了该品牌洗衣粉的助力，爷爷一家更多地感受到了新生的喜悦，夫妻俩的眼睛里也饱含着对未来的憧憬，一家三口体会更多的是生活的乐趣。这些故事情节都从侧面反映了该品牌全新超效洗衣粉的强大功效，增加了消费者对品牌的信任度，激发了大家的购买欲望。

后来，该品牌洗衣粉又在母亲节推出了《为妈妈洗衣服》的故事。故事里小女孩的妈妈一直用该品牌洗衣粉把女儿的衣服从小洗到大，而女儿对这一切却视作理所当然，直到有一天，女孩长大，也当了妈妈，她也用该品牌为自己的孩子洗衣服，这时她才明白理所当然的背后是妈妈一直在辛苦地付出。醒悟过来的女儿回到了母亲身边，接过了母亲手里揉搓的衣服，尽了一份为人子女的孝道。这是一个关于“乌鸦反哺”的感人故事，故事情节虽然简单，但它却戳中了万千母亲的心。这种“你抚养我长大，我孝敬你到老的”精神正是品牌故事想要传递给大家的，而用户受到品牌精神的感召，自然会构筑起情感共鸣的桥梁，从而更加依赖品牌。

以上就是关于该品牌的几个故事。这几个故事相互联系，又各自独立，且非常精准地阐释了不同时期品牌的个性和内涵。它们就像一部小型连续剧一样，诠释着品牌的基本诉求，但又不会让你感觉到审美疲劳，也不会让你丧失购买的兴趣和热情。相反地，它们用一个个扎心的故事情节潜移默化地在消费者心中建立起了自身的品牌形象，从而让消费者对它们的品牌以及产品保持高度的认可和忠诚。

简洁性：去繁从简的故事才不会给人带来疲劳感

你知道世界上最短的科幻小说是什么样子吗？美国人弗雷德里克·布

朗的《敲门》，全文是这样的：地球上的最后一个人正在房间里坐着，这时他听到了敲门声……

这个小说内容简短，篇幅不长，但是它却给人们留下了无穷无尽的想象和思考的空间。由此可以看出，品牌故事也并非越长越好，有时借鉴了所有好故事的标准，把内容搞得面面俱到，反而会丧失感染力。而且过于烦琐复杂的剧情也会给读者带来疲劳感，读着读着就会让人们产生一种烦躁感。

反之，如果我们能够去繁从简，用最短的时间、最少的字数写出一个能引发客户情绪，传递品牌精神的故事那才是一件了不起的事情。

美国的某电器公司用一句简短的宣传语就为人们讲了一个意味悠长的品牌故事："我们的维修工是镇上最孤独的人。"

维修工为什么会孤独呢？肯定是因为该公司的电器故障率低，质量高，所以才导致他们的维修工没有用武之地。这个品牌故事虽然给用户传递了简洁的信息，但是其中所蕴含的内容却非常丰富。人们在自由想象的过程中，既加深了对品牌的印象，又加深了对产品的了解和信赖。

再如，某牛奶品牌故事是这样写的：

十八世纪，欧洲

当天边出现第一丝亮光

一辆送奶车便踏着晨曦出发了

穿过树林，踏过绿地

载着浓郁爽滑的鲜牛奶

将高山牧场的清新气息送至每一位贵府官邸

随后，爵爷和夫人们快乐、优雅的一天

就在浓浓的奶香中悠然开始

这个品牌故事虽然篇幅不长，但是人们通过这简短的描述把品牌的历史、产地、极致服务、高端的定位了解得一清二楚。

从上面两个案例，我们可以看出，一个优质的品牌故事就像通过“蒸馏”提炼出来的一样，不需要过分注重细节，只要把关键的信息抓住，也能给故事赋予难以抵挡的吸引力。

另外，大家在写品牌故事的时候，还可以采用隐喻的写法，比如，把伟人比喻成高山，把英雄写成一座丰碑或者一面旗帜，这样也可以引发观众的联想，是一种很好的表达寓意的方式。总之，采用隐喻的写法也可以成就一个言简意赅的品牌故事，人们在暗示性的文字里可以细细体味，慢慢思考，发挥自己的想象力，从中咂摸出故事所传递的精神和理念。

前瞻性：构建一个高目标的故事激励客户

美国的一位管理学大师德鲁克曾经讲过这样一个寓意深远的故事：

一座大山的山脚下有三个辛苦工作的石匠，有一天，有人过来问他们正在干什么，第一个石匠说自己正在凿石头。第二个石匠说我在挣钱呀，我一天可以获得三先令二十个便士呢！第三个石匠则挺直胸膛自豪地说："我正在建造一座伟大的教堂呢！"

同样的问题，三个人却回答出了三种不同的人生境界。那么到底哪一个石匠更有前途呢？毫无疑问是第三个。因为他凿的不是石头，也不是现实的柴米油盐，而是一个高高在上的目标。当然，正因为他有了目标的驱使，所以身体内会激发出无穷的动力，后期会成为一个不可估量的"潜力股"。

同样的道理，我们在创作品牌故事的时候也要懂得给客户构建一个高目标的故事。因为高目标的品牌故事能够通过共同的价值观和信念激发用户情感的波澜，从而使得用户与你的品牌建立情感关联，最后起到激发和鼓舞人心的作用。

世界上最大的零售商品牌曾经创作出一个与环境保护有关的高目标故事，从而使得其影响力获得前所未有的巨大提升。

该品牌的董事长沃尔顿有一次和保护国际组织的首席执行官一起外出潜水。在此过程中，二人合力促成了该品牌的很多环保项目。

后来，该品牌在环境保护方面做出了很多努力：承诺纺织品供应链绿色化，指定利用太阳能计划，努力减少出售商品中的有毒成分……结果，这几项环保项目取得了意想不到的效果。首先，大大节省了国家的进口能源；其次，作为保护环境的引领者，其品牌形象得到大大提升，人们不仅对它推出的新产品反馈良好，而且更加愿意花时间和精力在社交媒体上传播它的品牌故事。当然，这一系列的良性循环让该品牌的财富急剧增长，荣获美国《财富》杂志评选出的美国500强企业中排名第二的好成绩。

与该品牌出现过类似战略格局的还有另一国际企业的某除菌香皂。据相关数据统计，当时全球每年有200万的孩子因为受腹泻、肺炎等疾病的影响，活不过五岁。为了降低幼童的病死率，该品牌推出了“鼓励孩子洗手，帮助孩子长到五岁”的项目。而与这个项目并行的是三个短视频形式的品牌故事：

第一个故事：一位父亲为了获得上帝的保佑，保佑他的孩子平安长到五岁，竟然按照当地风俗，倒立着穿过田野、泥潭，以及通往寺庙的台阶。

第二个故事：主人公尤塔里为了让自己的孩子平安渡过五岁生日，每天辛苦地给树浇水，围绕着树跳舞，给树系上丝带。

第三个故事：夏基的妈妈为了让孩子健康平安地长大，每天都会给她讲睡前故事，还告诉她只有勤洗手、讲卫生，才能拥有身体健康。最后，夏基果然如妈妈期望的那种长成一个快乐健康的女孩。

这一系列“守护生命”的品牌故事帮助很多孩子养成良好的洗手习惯，当然该品牌也因为完成了这一神圣的社会使命获得前所未有的关注，其品牌的知名度和美誉度也得到巨大提升。民众也因为故事中的人物产生了很强的同理心，于是也加入了购买香皂，勤快洗手的队伍中，该品牌的产品也借着故事的东风获得丰厚收益。

感染力：用关联情结挑动用户敏感的神经

一个好的品牌故事，除了前面提到的那些特质之外，还需要具有感染力。只有富有感染力的故事才能戳中用户内心最柔软的地方，从而使之心甘情愿地为你的品牌产品埋单。另外，一个富有感染力的故事能够引起人们的共鸣，迅速感染周围的人，从而快速实现品牌传播。

笔者列举的某食品品牌就是用一个娓娓道来的回忆式故事戳中了无数

人的内心。

夜幕降临，一位挑着卖货担子的母亲领着自己的女儿出现在了一个幽深简陋的麻石小巷里。“卖黑芝麻糊咧……”随着一声悠长而舒缓的叫卖声响起，一个稚嫩可爱的小男孩悄悄地把头探出了大门。卖芝麻糊的大娘将一碗浓稠滚烫且散发着香味的黑芝麻糊递给了小男孩，小男孩激动地搓着小手，抿着小嘴，迫不及待地接过了这碗美食。他一边愉悦地喝着黑芝麻糊，一边偷偷地把目光放在了一旁为母亲研磨芝麻的小女孩身上。很快，一碗黑芝麻糊就被小男孩喝得干干净净，意犹未尽的他把脸埋进大碗里，不停地舔着碗边上残留的糊糊。小女孩看见男孩滑稽的模样，忍不住笑出声来。而卖芝麻糊的大娘又慈爱地给小男孩的碗里添了一勺，并且还贴心地帮他擦掉了粘在脸上的芝麻糊。小男孩受到这般温暖的关怀，忍不住朝那位大娘投来了略带羞涩的感激的目光。故事的最后响起了一句意味深长的话：“一股浓香，一缕温暖。”

在这个品牌故事里，不管是镜头、情节，还是画面都透露着一股朴实温馨的怀旧气息。人们通过这幅温馨美好的画面总能想起儿时的美好回忆。当然，正是因为大众都有过类似的生活经历，所以看到这幅场景很多人都泪崩了。而这种抢占消费者心智空间，与他们产生情感共鸣的行为才是培养消费者依赖品牌的一种重要手段，并且这种情感纽带越牢固，消费者对品牌的依赖性和购买力就越持久。

该品牌方正是因为明白这一点，所以他们才创造出了如此富有感染力的一个故事，挑动了用户的敏感神经，激发大家的购买欲望。另外，品牌方还通过这个故事把品牌的价值主张强势植入了用户的脑海中，从而使用户对品牌产生深刻印象。

第五章
讲专属故事，成就品牌独特魅力

企业应该拥有自己的品牌故事

在前面的章节中，我们了解到了品牌故事在企业营销中起着非常重要作用。作为一个企业，无论大小，都应该创作属于自己的品牌故事。尤其是在社交媒体非常发达的今天，有一个好的品牌故事，可以让品牌传播的速度取得事半功倍的效果。

某网红奶茶品牌曾经凭借超高的颜值一度霸屏很多年轻人的朋友圈。它之所以如此受欢迎，很大程度上得益于它有一个成功的品牌故事。

赵某是一个忙于事业，顾不上交女朋友的大龄单身男青年。彭某有一个开店创业的梦，但苦于没有经验，于是想跟餐饮经验丰富的赵某取经，可是要约到赵某并不是一件容易的事情，如果单纯地向他讨教餐饮问题，彭某十有八九会被拒绝。考虑到这一点，彭某另辟蹊径，以相亲的名义约了赵某，赵某由于是一个大龄男青年，急于摆脱单身的他想都没想就答应了。

见面之后，赵某发现自己“上当”了，但是他看到眼前的这个漂亮女孩有想法，有梦想，很不一般，于是有了进一步交往的念想。赵某壮着胆子说道：你要想开店，我可以帮你，不过前提是你得成为我的女朋友。让人意外的是，彭某毫不犹豫地答应了。赵某吃惊地问她，是不是认真的？彭某再一次郑重地点了点头。很快，他们就走在了一起，三个月后，二人还火速领了结婚证。

自此之后，夫妻合力创办了奶茶店。有了人生的奋斗目标之后，彭某工作更卖力了，她根据自身的经验，多次打磨，最终设计出了符合女性纤细易握手感的奶茶杯。另外，就连杯塞都很用心，他们根据客户不同的性别设计了不同的图案。

听了这个网红品牌的故事，很多人都被他们的爱情故事打动了，因为这种情投意合的感情是多少年轻人羡慕不来的。当然，也正是因为有这个品牌故事的加持，才使得客户对品牌的好感度直线上升，进而加快了购买的步伐。

上面这个成功的品牌故事启发我们：讲故事并不是苹果、肯德基这种大企业的专利，一些中小型企业也能通过创造品牌故事吸引用户的关注。在如今这个社交媒体发达的社会，万一你的品牌故事讲成功了，那势必会收获一大波关注度和销量。

那么，作为一个企业如何才能写好属于自己的品牌故事呢？下面两个创作要点大家可以参考一下：

第一，目标客户的利益至上。

要想获得客户的信赖与支持，首先要关注和维护客户利益。有了这一明确的主题之后，我们就知道品牌故事应该围绕什么去写了。如果你是汽车从业者，那么你的故事就要围绕客户在乎的安全性、性价比等方面展开；如果你是教培机构，那么你的品牌故事可以围绕客户在乎的教师资质、学生的提分率等展开。总之，客户就是你品牌故事的核心。

第二，故事要有可信度。

品牌故事可以是真实发生的，也可以是虚构出来的。不管你怎么写，一定要保障这个故事是真实可信的，否则，根本无法构建起客户对你产品的信赖感，更无法激发客户的购买欲。

总之，品牌故事是一个企业塑造品牌形象，传播品牌价值观的重要工具，更是培养客户信赖感和忠诚度的绝佳手段。每一个品牌无论大小，都需要试一试，用讲故事的方法征服客户。

营销故事要彰显品牌个性

在这个产品同质化比较严重的时代，如何在众多品牌中脱颖而出，一下就获得消费者的关注呢？通过讲述品牌故事彰显品牌个性是一个不错的选择。那么，我们应该如何通过品牌故事彰显品牌个性呢？

首先，我们可以在品牌故事中展现产品的独特优势，以此凸显品牌的个性和特点。

例如，同样是打火机品牌，某打火机在营销故事里凸显的是产品的耐高温性，以及燃烧的持久性。而另一打火机品牌则意在通过品牌故事展示产品的经久耐用性。它们为了彰显品牌的这一特性，还曾创作过三个有趣的品牌故事：

第一个故事：有一次，一条大鱼误打误撞把一款该品牌打火机吞到了自己的肚子里，后来经过很长时间，这条鱼被人剖腹了，结果取出来的打火机依旧能正常使用。

第二个故事：在越南战争期间，一个名叫安东尼的士兵因为怀里揣着的该品牌打火机帮他挡住了射来的子弹，侥幸在战场上捡回了一条命。

第三个故事：在一次野外生存训练中，突然下起了大雨，这使做饭用的燃烧物全部被打湿了。训练人员急中生智，硬是用该品牌打火机煮熟了一锅粥。

这三个有趣的品牌故事都向消费者传递一个信息：该品牌打火机质量相当靠谱，你们可以放心购买。当然，大家在读完它的品牌故事之后，也会把产品的这一特性深深地印在脑海里，等到真正需要的时候，就会在众多的品牌中挑选这个品牌的打火机。

其次，我们还可以赋予品牌独特的精神价值，以此来彰显品牌个性，从而使品牌获得持续的竞争力。

下面我们分别来看一个运动品牌的故事：

故事是关于安踏的：

我很平凡，没有过人的天分，没有命运的恩宠
现实总把我和理想隔开
世界不公平
但我知道，有一个内在的我
不甘平庸、渴望自由、无所不能
我坚信只要执着和努力
总有一天
一个真正辉煌的我
会离我越来越近
让世界的不公平
在我面前低头
keep moveing
永不止步

安踏通过品牌故事传递的是不甘平庸，永不止步的拼搏精神，这个经典的故事案例告诉我们：每个品牌都应该拥有自己特立独行的精神内涵，这样才能在众多的品牌中脱颖而出，成功吸引顾客的眼球，走进顾客的内心，从而成为他们购物的首选。

最后，笔者要提醒大家的是，不管你的品牌个性如何设定，一定要与目标消费者的个性保持一致，这样才能塑造消费者对品牌的认同感。倘若故事里传递的品牌个性与消费者的需求不一致，那么即使你通过故事塑造出差异化的品牌形象，消费者也不会为你的品牌和产品埋单的。

另外，时代在不断发展，消费者的习惯和喜好也在不断地发生变化，所以我们的品牌故事，以及故事中所体现的品牌个性也不是一成不变的。我们只有与时俱进，适应新一代年轻消费者的个性，才能更好地吸引他们的注意力，从而让他们对品牌的功能性、情感性和象征性功能产生知觉。

品牌故事要植入品牌内涵

情感是品牌故事中必不可少的重要元素。构思一个品牌故事，首先要明确的就是传递什么样的品牌精神，赋予品牌什么样的思想内涵，品牌只有从故事中获得精神内涵和灵性，才能成功与消费者建立情感联结。

褚某是20世纪90年代的商业风云人物，曾经的他用了15年时间将某品牌香烟打造成了中国的名牌香烟，并且一手将濒临倒闭、负债累累的卷烟厂发展成了亚洲第一、世界前列的现代化大型烟草企业。自此，褚某站在了人生的顶峰，成为名副其实的“中国烟草大王”。

由于受体制问题的影响，褚某虽然为企业带来了巨大的收益，可是他本人却没有得到相匹配的回报。强大的心理落差让褚某一不小心走上了人生歧路。

1999 年 1 月 9 日，71 岁的褚某因行贿受贿被判处无期徒刑、剥夺政治权利终身，一代中国烟草大王就此陨落。两年后，褚某因为患有非常严重的糖尿病而获批保外就医，回到家中居住养病，并且活动限制在老家一带。

2002 年，满头银发的褚某在一位华侨的资助下承包了一片两千多亩的荒山，开启了他的第二次创业之旅。此后的几年，褚某相继获得假释、减刑，以及刑满释放。2012 年 11 月，85 岁的褚某辛苦种植的橙子正式面市，由于橙子的品质非常好，所以电商平台上经常会出现一上架就抢售一空的盛况，而褚某也凭着多年坚持不懈的努力再度成为亿万富翁。因为褚某的人生经历太过传奇，很多人把褚某的橙子叫作“励志橙”。

读完上面的这个品牌故事，我们就会明白该品牌橙子之所以受市场的欢迎，一方面是因为橙子汁水多、口感好、味道甜，另一方面是因为这个大山深处老人身上有一个非常励志的故事。换句话说，故事里传递的积极向上的人生态度和永不服输的创业精神打动了消费者，所以消费者才愿意为这个品牌的产品埋单。

总之，品牌故事中所蕴含的品牌精神和理念是联结消费者和品牌的基础纽带。大家在利用故事打造品牌文化内涵的时候要采用渗透式方法，把品牌精神传递给用户，而不是采用强行灌输的方式，让用户为你的情感故事埋单。

清末民初，苏州的沈府住着一位心灵手巧的姑娘，她的刺绣技艺超凡脱俗，乱针绣法更是深得祖辈的真传。

因为她自小熟悉飞针走线，再加上家里的姐姐参了军，妹妹留了学，所以继承沈府百年绣庄的重任自然落到了二小姐身上。为了不负重托，二小姐日夜操劳，把全部心血都投入绣庄的发展上，以至于把终身大事都耽误了。

不过，虽然二小姐没有觅得良缘，但她却不急不恼，始终以一颗宽容良善之心对待周围的乡亲父老。由于她接济弱小、乐善好施的义举传遍了四方，人家亲切地称她为“沈家绣娘”。

后来，国内军阀混战，处处烽烟四起，为了保住苏家的金字招牌，二小姐不得不背井离乡，前往美国。沈府管家詹叔夫妇接管了沈家绣庄，并且在此设立了一个小饭馆。在饭馆里，詹叔夫妇将沈家曾经用过的上好佳肴菜式搬上了饭桌，并且还将杭帮菜式与川湘风味巧妙地融合在一起，为众人奉上了花样奇多、味道可口的饭菜。

看到苏家新店开业，之前受过二小姐恩惠的邻里乡亲纷纷过来捧场。由于小店的饭菜可口，菜品精致，吸引了越来越多的客人，小店的生意也随着客人的增多变得越来越热闹。后来，人们干脆把这家店取名为“二小姐的店”。

在上面这个品牌故事中，二小姐虽然身逢乱世，但她对内坚韧不拔，誓死传承父辈的基业，对外宅心仁厚，救济世人，这种勇敢坚毅、善良淳朴的精神感动了无数人，所以人们对二小姐的店产生了浓厚兴趣，并且成为这家店忠实的顾客。

另外，这个品牌故事并没有向大家介绍店内的菜品有多好，而是通过一系列朴实的想法、行为、理念渗透式地向大众传递了他们的价值观，大家在体会到故事的精神内涵之后自然加深了对品牌的亲切感，而这也为后续的品牌传播以及产品购买奠定了良好基础。

从上面的品牌故事当中我们可以看出，植入内涵的故事更容易受到用户的欢迎。那么，我们在创造有内涵的品牌故事时需要注意哪些问题呢?

首先，有内涵的品牌故事必须传递正确的价值观念，而且这个价值观念还必须与目标用户的价值观念保持一致，否则你很难打动用户的心。

其次，品牌故事的内涵不是一成不变的，在编写品牌故事的时候，要根据时代潮流的特点，赋予品牌合适的精神内涵，这样你的故事才能取得事半功倍的效果。

讲述幕后故事，传递品牌温度

故事是塑造企业品牌形象的一个重要组成部分，企业品牌的口碑就是由一个个活生生的故事组成的。我们要想打造品牌的独特魅力，实现口碑传播最大化，不妨挖掘品牌的幕后故事，传递品牌温度，从而与用户实现情感沟通。

下面笔者通过解析某矿泉水品牌的两个写实纪录片，了解品牌背后不为人知的故事。

第一个故事：《一个你从来不知道的故事》

这个故事的主角是一个眼睛小、体形胖的男人，他的名字叫方某，方某是一名在该公司工作了 18 年的水源勘探师。他为了找到一处优质的天然水源，身体接受了无数次的极限考验。

尤其到了冬天，长白山上大雪皑皑，北风呼啸，方某走在厚厚的雪地里，深一脚浅一脚，冻得说话都已经不成声调了，鼻子也好像不是自己的了。即便身处如此艰苦的工作环境，方某依旧干劲十足，尤其是当他看到地上流淌的暗河之后，更是兴奋不已，这意味着他离自己的目标地涌泉已经不远了。经验丰富的方某告诉大家：“只要看到这两侧有树挂，流出来的河有雾，这才是从地下涌上来的涌泉。”

长白山大面积的森林植被与充沛的降水，为地下涌泉的储存提供了条件，而地下涌泉又为该品牌提供了优质水源。本着“水源地建厂，水源地灌装”的理念，该品牌已经在 12 年的时间里建立了四期瓶装水生产基地。为了水源不被破坏和污染，当地政府还在该品牌水源地周围建立了 10 平方千米的水源保护区。“该品牌对水源的苛求”既是方某最自豪的地方，也是品牌能收获无数忠实用户的关键所在。

第二个故事：《太白山生命线》

这个故事的主人公叫孙某。他是太白山上的一个送水工，因为工作的地点是海拔 3700 米的山脊，所以交通工具根本无法抵达，运输只能依靠最原始的人力。孙某每天的任务就是把该品牌的水送到山上的小卖部。每天天不亮孙某就出发，崎岖蜿蜒的花岗岩碎石路他每天得走一个来回，从出发地到目的地，7 千米的路程他徒步需要走 6 个小时。

在高、寒、险的太白山上，每年都有大量的游客前来游玩。为了让游客有一口水喝，孙某已经在这里坚持了四年。因为地理位置特殊，极端天气时有发生，有时猛烈咆哮的大风迎面袭来，孙某的手脚很快就没了知觉；有时山上大雾伴随着降温，前来观光的游客就被困在里头，运气不好的时候一困就是一两天，他们的生命面临着很大威胁。孙某碰到这种情况，会毫不犹豫地把身上背的矿泉水免费分享给快要脱水的游客。

当然，这种默默无闻且温暖人心的故事不仅仅在太白山上上演，在全国还有无数个像孙某这样的搬运工用自己的力量守护着当地的生命线。

上面的这两个案例就是该品牌用不同的纬度为客户展现了他们企业那些不为人知的幕后故事。这些故事都有自己的灵魂和温度，人们通过了解这些故事，既感受到了品牌的温度，又刷新了自己对品牌的认知。当然，该品牌背后所隐藏的故事也向世人彰显了自己的品牌价值以及产品质量，这有助于他们获得消费者一致的好评和认可，而消费者的认可和喜欢又会让该品牌获得更大的传播力和影响力。

用创新故事引领品牌未来

在如今媒体发达的年代，各种各样的品牌广告充斥着人们的眼球，有很多千篇一律，毫无看点，这导致人们产生严重的疲惫感，所以对于推荐的品牌和产品根本没有了解和购买的冲动。那么如何才能改变“营销失灵”的不利局面呢？创新你的品牌故事，给用户眼前一亮的感觉，这样才能被用户所偏爱。

那么，在创作品牌故事的时候应该怎么做才能显得与众不同呢？以下是创造故事的三个参考要点：

第一，讲自己的专属故事。

每个品牌都有属于自己的发展历程，每个历程都包含了很多独特且有意义的故事。所以，我们可以从这个角度入手，写一个专属于自己品牌的故事，这样故事的情节内容和精神内涵就和其他的品牌区别开来了。

有一天，一个不到两岁的小女孩突然跟她的爷爷说口渴了，然后爷爷就给她倒了一杯刚烧开的开水。为了防止孩子烫伤，她的爷爷还特意把装有开水的杯子放在了桌子中间。可不幸的是，瓶子上正好有一根绳子，小女孩着急喝水，就伸手拉了一把绳子，瞬间开水全部倒了出来，泼在了女孩的半边脸上以及脖子上。后来，家人们紧急把女孩送到了儿童医院，医生看着小女孩严重的伤情，就让他们办了住院手续，在治疗期间，女儿痛得撕心裂肺，不停地叫着爸爸妈妈。

看着被疼痛折磨得如此厉害的女儿，爸爸心疼极了，直到这件事情过去了很久，爸爸都不能释怀。后来，这位爸爸思考良久，内心产生了这样一个想法：我想做一个杯子，这个杯子从父母和爷爷奶奶的手里不管倒多少度的水，摇晃十下，给到孩子手里，就是一个可以喝的，水温正好的杯子。

有了这个想法之后，这位爸爸就和同事们一起努力，用了三个月的时间做出了这款有温度的杯子。这款杯子有一个神奇的功能是 100 摄氏度的水摇十下，或者放一分钟，就变成可以喝的温度了。后来，这位爸爸拿着新推出的杯子感慨地说："真的，我希望天下所有的孩子不再被热水烫。"

这就是关于该品牌的故事，故事里的爸爸就是某创新设计集团创始人兼董事长贾某。

这个品牌故事详细讲述了品牌产品的由来，以及产品的优势功能，为广大用户解决了"着急喝水又怕烫嘴"的痛点。故事内容不仅新颖独特，而且为用户提供了很强的使用价值，所以后来数以万计的人都为这个品牌故事埋了单。最后，这家公司因为这个爆款产品获得了 50 亿元收入。

第二，抓住当下流行的元素。

在一个品牌故事里，如果你只会写被无数人用过的老套剧情，势必会引起用户的漠视和反感。但是倘若你能在自己的故事里添加一些当下流行的元素，那么这个品牌故事就会变得与众不同，更受人欢迎。

在某口红的广告中，我们可以看到这样一幅绝美的画面：一支陶瓷口红被数以万千的桃花包裹着，微风轻轻一吹，娇美的桃花纷纷散开，一支精美的口红缓缓出现在大家的视野中。此时一个面若桃花、娇媚可人的姑娘拿起了一根雕花口红优雅地涂抹在自己秀美的嘴唇上。此刻，本就美丽动人的姑娘更加多了几分性感迷人的气息。在这花面交相辉映的美好画面里还出现了这样一句广告词："是雅致的东方瓷，也是柔美的桃花色，瓷间桃园，温柔淡雅。"

在这个品牌故事中，我们看到这幅色彩浓丽、青春焕发、两美相辉的人面桃花图，忍不住想到了唐朝诗人崔护的一句诗："人面桃花相映红。"这种充满诗情画意的画面和台词给人一种非常唯美浪漫的感觉，另外，口红上的雕刻艺术更为它增加了几分古色古香的韵味。

我们知道如今的中国正在崛起，人们的文化自信也有了空前提升，大家对东方传统的文化有了更好的认可度。该品牌正是因为认识到了这一点，才有创意地把这些古风元素添加到品牌故事里。他们这样做正是站在了国潮兴起的风口，精确瞄准了当代消费者的兴趣点，成功把品牌植入消费者心中，从而在竞争激烈的彩妆领域分一杯羹。

第三，想法要前卫大胆。

要想创作一个有新意的品牌故事，我们需要开拓思维，大胆想象，冲破旧观念的束缚，勇敢探索品牌新的形象。

19 世纪 70 年代，某服装品牌抛却百年老牌的亲切形象，转而走叛逆、性感路线。在它的广告画面里，没有中规中矩的故事情节，而是挂上了一个拳击用的巨大沙袋，沙袋上印着该品牌的经典红色标签，旁边还配了一句很有气势的广告语："某某某 501，天生抗打磨。"

在这个品牌故事里，我们可以随时感受到一种叛逆且富有朝气的品牌精神。该品牌也凭着这一创新的举动一下子就击中了一群年轻消费者的心，后来大家纷纷为该品牌倡导的自由、独立、冒险、性感的品牌精神埋单。

以上就是创造品牌故事的几个新颖角度，大家可以在灵感枯竭的时候参考运用一下。最后，笔者提醒大家注意一点，品牌故事无论怎样创新都要先了解自己的品牌定位，了解目标消费者的潜在需求，这样才能创作出更多深入人心的故事。

第六章
跟着总裁创品牌

李万元：中国的“油茶大王”

耒阳是一个富有天地灵性的地方，这里孕育着大片的油茶树，四周环绕着富有神韵的气息和阳光，这些树在天地的滋润下，不断向上生长，枝叶茂盛，骨骼坚硬，他们用活力证明着生命的意义，也因此在灵性的世界里，上演了数不尽的动人故事。相传在远古时期，神农氏就与油茶果结下了不解之缘，神农氏走遍了大江南北，冒着生命危险，将所有百草尝尽，虽说不知道什么时候，这个叫作油茶果的东西进入了他的视野，但从那一刻起，这种物质的身份便因此发生了翻天覆地的变化。人们开始用油茶树干制作农具，翻地耕种，油茶树见证了远古时期全胜的农耕时代。人们把这件事叫作“神农创耒”，这虽然是个偶发事件，却是彼此成就的过程，就此由耒制工具的大面积推广，帮助人们结束了以狩猎为主的原始生活方式，开始了刀耕火种的农业文明时代。这无疑是一个全新的时代格局，而油茶树作为一个参与者，站在了格局事业的中心，虽然不言不语，却也见证了华夏民族不朽的智慧，他们沿着生命的河流一路前进，从未停止自己探索的脚步，他们试图将命运紧紧地握在自己手里，于是开始了与自然的和解和奋斗，他们试图了解上天恩赐下更深邃的情感和奥秘，于是满怀深情，将生命中每一个遇见，当成了难能可贵的礼物，就这样，一个时代接着另一个时代，一种思想接替另一种思想，身边的所有物经过改良早已发生了翻天覆地的变化，然而即便如此，那份曾经最纯粹的真谛，已经化作无声的誓言，被凝聚成了精神世界的真理，带着一种朴素的情感，一步步地延续下去。

古时候说神农氏是一个人，他被别人供奉为神明的化身，因为自己的大爱，影响了整个世界的命运，事实上，真实的神农氏从来不是一个人，而是一个具有大无畏牺牲精神的群体，他们知道自己随时可能面临生命危险，却毅然决然地愿意为自己的部落带来更多的憧憬和希望，他们希望所有人都能因为他们而更好地活下去，即便面对生死考验，也从来没有一丝畏惧。时光匆匆，过去人的影子在阳光的普照下，化身为了这个世界上各式各样美好的形态，他们的眼睛依旧明亮，时时刻刻都在捕捉着当下那个与之共情的自己，尽管时代与时代的变迁，过去的思想已远远不能驾驭如今的时代，但那份至真却始终埋藏在追梦者的心里，宛若人生初见，从未远离。

就这样，神农氏的足迹，无形中来到了 21 世纪，一个与他时代截然不同的新时代，或者是因为机缘，他后来的子孙传人，耒阳农家子弟李万元，望着眼前丰盛的油茶树，时不时地与他产生了玄妙而无声的共鸣。他曾经问自己：“此生有那么多可以做的事情，但时光有限，我究竟应该从什么开始？”苦思冥想，他对自己说：“人生有很多选择，选择一而放弃了其他，看似放弃的是选择，实则放弃的是思想中复杂的欲念，若是选择了一条路，就坚定地走下去，无论这期间发生了什么，眼前所有的风景都属于心中的那个你。”就此，李万元决定秉持先祖神农氏的遗志，将生命活成一个传奇，他说虽然我不像他那么伟大，但却可以将心中的那件事坚持到底。他心无旁骛，坚定执着，胸怀高远，立场坚定，他说他跟油茶树有着很深厚的感情，从小看着它长大，栽过它，种过它，用过它，爱过它，它就像自己生命中不可分割的一部分，用无声的语言，证明着自己的价值和意义，于是他对油茶树说：“你与我之间的结缘，怎能就仅此而已，让我们一起来推广我们的事业和生命，而且站在世界的格局上，无论是文化还是生命的意义，你的存在本身就是一种情怀，走到哪里都是一片森林，那就将这片森林延展到世界各地，当你的‘王者身份’毫无争议，我也会因此痛快淋漓，因为我早已与你化身为一体，你的成就，就是我的成就，你的喜乐中也早已有了我深埋的烙印。”于是他带着自己的油茶树轻装上阵了，带着满载的晨星和哺育过他的四季光阴，在每一个晨昏的轮替中，与梦想共鸣，一路向前，看似风平浪静，却化作了一个男儿最直白干脆的野心。

谈到身家，李万元并不占优势，比起富二代而言，他可谓是贫寒出身，在他 9 岁的时候失去了父亲，21 岁又失去了母亲，过早失去双亲让他在没有安全感的世界里颠沛流离，但他却因此拥有了更坚定的信念，一路走来，虽步履蹒跚，但在他的表情中却从未有过任何遗憾的印记，他说：“人生终有起落，每一个人的剧本里总会有一些不可抗力，但无论发生什么，只要有一口气在，就算明天有无数个意外，这也意味着还有很多可能会发生。我就是这样一步步地走到了今天。事实证明，老天对我不薄，天上的眼睛验证了我对生命的诚恳和勤奋。《道德经》不是说：‘天道无亲，常与善人。’我说不上是一个最好的人，但至少可以先从善念做起。”

正是因为家境贫寒，父母早逝，他无法获得家庭的更多助力，初中时期李万元便早早融入了社会的洪流，他不仅要养活自己，还要精打细算自己后续的生计，这对于一个孩子来说，却是一种接近残酷的洗礼，但他却没有怨天尤人，也没有认输，即便在最艰难的阴云笼罩的绝望之境，他也要求自己勇往直前，每当有人问他：“那时候你为什么要坚持？”他总是笑笑说：“谁也不知道后面会发生什么事情，如果当时放弃了，现在的我还能看到上天这么精彩的戏码吗？有时候你或许认为这种心态没什么大不了，但越是在倒霉的时候，才越不能错失了灵魂的勇气。”

回首 20 世纪 90 年代初，当时的社会环境给予他这样的青年的选择确实不多，从一个普通的农村手扶拖拉机手，到以民工身份下广东拼死挖煤的挖煤工，再到闯出自己一条条流畅的煤炭工业生产线，他可谓付出了自己全部的汗水和艰辛，在煤炭行业打拼的那段日子里，他每天浑身黝黑，还可能面对很多不期而遇的问题，但不管怎样，他的智慧促使他成就了人生中第一个完美的自己——他赚钱了，他成功淘到了生命中的第一桶金，他成为村中所有人仰视的对象，成为他们心中拍着脑袋都想不到的“不可思议”。但不管怎样，不忘本的他还是帮助家乡做了很多事情，他说，一个人富了不算富，带动更多人富才算富。新浪潮中最核心的原则不就是让一部分人先富起来，带动更多的人共同富裕吗？那身为浪潮中的人，哪怕是一滴水也要顺道而行，融入时代的洪流，用这股强大的力量振兴家乡，振兴那片生我养我的土地。基于此，他决定回到家乡发展，于是他带着这些年辛辛苦苦积攒下的几十万元，走上了振兴家乡的致富之路，要知道当年的几十万元可不是一笔小数目，几乎是绝大多数人一生都无法企及的天文数字，对李万元而言，他本来可以就此安享其福，但他却没有选择安逸，而是在家乡承包了当地的煤矿，凭借自己的智慧和宝贵经验，很快就盘下了十几个矿点，这些矿点有如落地的金子，源源不断地为他涌现红利，经过系统的经营和有效的管理，很快生意就做得红红火火，一车车煤炭被挖出来，就有如金灿灿的金币，盆满钵满地装进了他的聚宝盆里，他就此成为名副其实的富豪，尽管每天都是财源滚滚，但他还是觉得生命里缺少了点什么。他时不时地问自己：“难道人生只能这样了？我是否会被这种惬意的情怀所限制，然后就此沉沦于安逸，再也没有别的可能？”

很显然，如今他的格局已经远远不再是赚钱那么简单了，他的生命正朝着“有责任、有担当、有情怀、有远见”的企业家使命感迈进。他说他是中国经济高速发展浪潮中的幸运儿，时代给予了他这样的年轻人更多机会，他赶上了一个好时代，所以他决定继续书写更多的励志故事，到更多的行业里，见习自己的经营智慧。

就这样，2003 年，他以企业家的智慧和胆识，收购了耒阳市农业银行信用联社烂尾楼项目，并投入 9000 万元巨资，建成耒阳市第一家设施豪华、功能齐全的四星级地标式酒店——三湘明珠大酒店；在房地产业方兴未艾之际，他又敏锐地把目光投向房地产行业，开发建设了当地最为高端、大气、上档次的居民住宅、写字楼、商场、广场；一路打拼，一路延伸，短短几年，李万元的事业之树全面生根开花结果。2005 年 10 月，他收购了耒阳市原国营企业耒阳氮肥厂，改制设立三湘化工有限公司；2006 年 4 月，以他名字命名的万元集团在国家工商总局注册成功并正式挂牌，万元集团正式成为一家集酒店、农业、房地产开发、能源贸易、化工、金融为一体的无区域、多元化发展的集团公司。李万元亲自创建的万元集团荣膺湖南省民营企业 24 强，年纳税额达 3000 余万元，解决了千余人就业。集团公司如同一艘始发于神农创耒、蔡伦故里耒阳的企业巨型航母，一路高歌猛进，乘风破浪，航行于市场经济的波涛之中。饮水思源，富不忘本。一路走来，他始终坚持回报社会、回报家乡、回报父老乡亲。累计扶助寒门学子 2000 余名，修桥铺路，扶危济困，设立奖学金，高校基金会；为支持政府的“村村通”工程，改善家乡的交通状况，集团公司捐赠修路费 100 多万元；为支持市政基础工程建设，公司赞助 40 多万元打造城市环境；为支持耒阳煤矿改制，他捐献2480万元给市政府用于改制；为打造文化品牌、城市名片，他投入巨额资金支助各种文体活动；十几年来，他配合地方建设、扶持文化发展、帮助弱势群体，捐款捐物价值达8000多万元，他是享誉三湘、远近闻名的慈善家。

眼看事业做得越来越大，更好的发展又在哪里呢？怀着感恩之心回报乡土，李万元踏进了油茶树这条绿茵的河流，他听着身边人的讲解，想到了未来社会，人类最核心重视的话题，所谓民以食为天，看似不经意的食材，却是每个人手中不可或缺的食粮，所谓一滴油，一个世界，生态在人们的意识中变得越发重要，当传统行业在时代的浪潮中渐渐趋于稳定，也就必将在时空的路径中标注上自己退潮的时期，而新兴的行业必将取代固有的经营模式，以全新的视角诠释经济的价值，但不管风云如何变换，老百姓的餐桌上，永远少不了油茶的影子，就此油茶树便住进了一个企业家的心里，他开始运作土地流转，公司与农户的合作经济，承包自己的荒山，退耕还林，他想打造属于自己的强大生态帝国，创造自己的玩法和规则，他希望这一切能够得到长足有效的发展和推进，在发展进程中，带着更多志同道合的人，走向一条共同富裕的幸福之路。就此，他的心中又多了无数人的影子，他们是他割舍不下的责任，他要带着他们一同走向富裕，其中的原因也很简单："我曾经贫穷过，贫穷到一贫如洗，但如今我站在了这里，站在这里看到了当初那么多个自己，我觉得我有责任帮助他们打造出属于自己的精彩人生，每当华灯绚烂的时候，即便是烟火，也一样满怀着幸福和憧憬。所以，告别那些自怨自艾，让我成为他们迈向全新生活的礼炮，他们都是曾经迈开第一步的我自己，而我看到了他们的过去，站在他们的未来，心中又是何等豪情万丈，欢快淋漓。”就此，李万元成为油茶树园中所有人的希望，他用自己的生命，履行着自己的誓言和初心。

其实，当时油茶产业的发展也有过三起三落，起初如少年一般轰轰烈烈，后又如暮年一般死气沉沉，经济的杠杆在市场原则规则下摇摆不定，却从来没有人能够直言忽视它本有的价值，油茶作为我国特有的木本食用油料树种，已经有两千多年的栽培和利用历史，与油橄榄、油棕、椰子并称为世界四大木本油料植物。毫不谦虚地说，油茶就是中国的国油生产力，素来有着“东方橄榄油”的美名。它比橄榄油的价值更高，营养更丰富，成色更好。但由于种种原因，油茶产业的传承和发展，仅仅驻足在了联合国油茶科研的一份枯燥而单一的论文里，对于茶油的文化、历史以及它完美而全面的营养价值，国民始终是知之甚少的，而在国际上，茶油更是遭遇着“虽信美而非吾土”的尴尬境遇。

2020 年新冠肺炎疫情后，世界面临着不确定变局，中国确立了以国内循环为主的经济发展目标。中央和地方政府对油茶产业发展高度重视，出台了多项优惠、扶持政策，极大地调动了地方发展油茶产业的积极性，中国油茶产业迎来新的发展契机，进入了集群发展的快车道，茶油产业掀起了第四次浪潮，而李万元就是这场新浪潮的领军人物和应运而生的弄潮儿。

李万元立誓要做中国的“茶油大王”，他带领他的追梦团队，经历了13年的拼搏奋斗，总投资已达2.7亿元，他们在耒阳及周边县市的18个乡镇、528个村建设了多个专业化和标准化的油茶种植基地，新造油茶丰产林4.8万亩，改造低产油茶林1.7万亩，实现了油茶产业的规模化、集约化发展，精准扶贫，定点帮助，带动了16000余名农户共奔小康。天将降大任于斯人，必先苦其心智、劳其筋骨，李万元的油茶产业梦经历了许多风雨，面临着巨大挑战。毕竟农业项目投入大、周期长、见效慢、风险高，特别是油茶树要历经八年的精心培育才能结果。2008~2015年，八年时间，他们只有投入，没有产出，李万元殚精竭虑，倾尽所有，这期间遭遇了金融危机，资金链濒临断裂；特别是茶油市场良莠不齐，还需要培育；人们的认知度较低，消费观念亟须改变；只做品质纯茶油成本高，市场风险大，公司甚至到了最危险的时刻。李万元烦恼过、困惑过，但永不言败、越挫越勇的企业家精神鼓舞着他勇敢面对，因为他知道，李万元的兴败不止关乎集团荣誉，更关乎整个集团千名员工的息息生计，这些员工都曾一路见证集团的成长和辉煌，是陪着他一路金戈铁马、斩荆披棘的战友，也是同甘共苦、并肩前行的家人。承认困难需要魄力，藐视困难需要实力，战胜困难全凭毅力。在当地市委市政府的精心指导和政策扶持下，李万元团队群策群力，共谋出路。一方面，在公司内部开源节流，简政放权，改变营销模式，引进专业人才；另一方面，积极对外协调，采取以物抵债、借壳承债、资产变现、股权转让等多种方式，化解了债务危机。社会各界的关注，虽然给了万元集团以压力，但也是万元集团发展的巨大动力，万元集团有勇气承认困难，正视困难，最后战胜困难！李万元说得好："我只能前进，不能后退，前进艰难，后退容易。但我要对员工负责，对社会负责，对人民负责，对政府负责。困难当头，只要有一丝希望，我就要一百倍地努力，最终实现梦想。"

常言说得好，创业艰难百战多，面对创业这件事，但凡经历过的人，都知道其中的艰险和步履艰辛。用哲人的话讲："没有在黑夜抱头痛哭过的灵魂，不足以谈论人生。"李万元又何尝是那个例外？规模大了，挑战也会逐渐升级，管理难度大了，市场风险也跟着上去了。李万元决定寻觅一条成功逆袭的道路，未来只做一件事油茶产业。他创立了自己的油茶品牌"神农国油"，抢占茶油产业制高点，拿下了许多行业第一：油茶产业专利第一人，中国油茶重点企业，中国油茶龙头企业，中国油茶百强企业，油茶十大品牌企业，中国唯一的油茶博览园，2020 年国家唯一有机试点项目，更是被认定为湖南省标杆企业，李万元也被推举为湖南省油茶协会会长。常言说，不经历风雨，怎见得彩虹，乘风破浪虽未必快哉，其中也包含着焦虑和恐惧，但回眸的时候，一定是酣畅的，至少从没有后悔人生有如此恢宏的一笔。就这样，他带着他的团队，带着他的战友，一路金戈铁马，披荆斩棘，在迷茫中硬是闯出了一条属于自己的道路，用他的话说："承认困难需要魄力，藐视困难需要实力，战胜困难全凭毅力"，对于黑暗，除了期盼后面的光明，其余的日子多半就是一边斗争一边死扛，但李万元始终坚信的是，既然步入了这条路，就无所谓退路，人生所有的路都是必经之路，想要前进虽然很难，但往后退绝对不可以。他的责任感和内在的担当，不允许自己做出这样的选择，即便在面临高压式痛苦的挑战时，对于这件事也没有半点退让和余地，原因很简单，他知道自己在做什么，也知道自己需要什么，作为一个活得通透和明白的人，面对生命中发生的每一件事，都是极为清醒和理智的。人生快意之事，莫过于无能为力还在努力，生命本就两手空空而来，就算到时候真的把这份儿感觉还给了自己，回眸人生的每一步，至少无怨无悔。

李万元以战略家的眼光，指挥着麾下的企业，洞察世界市场风云，研究企业发展态势，确立以农业产业为长线，以房地产开发为中线，以商贸为短线的战略规划。李万元认为："未来的农业，是早年的房地产，未来是平台经济，建立好平台，企业才会有生命力。"如今，万元集团正以油茶基地深加工为龙头，以旅游产业，能源、贸易、金融、房地产、商业等行业开发为基础的综合优势为平台，企业向着深度和广度不断拓展，朝着进军全国、放眼世界的目标奋进。"坚持才有未来，感恩才会报恩，信心才是方向，转型才有出路！”这句话是李万元对自己闯荡人生三十载的总结、感慨和鞭策。为了不负众望，感恩社会，李万元思想不断更新，企业不断转型。从煤炭到房产，再到油茶，完全不同的领域，行业跨度之大，我们不得不被他非凡的胆识，敏锐的触觉，高瞻远瞩的大格局所折服。李万元在耒阳商界已经打造了多个奇迹：第一家高端四星级酒店、第一家电梯小高层高档住宅小区、第一家高端精品百货、湘南最大油茶基地……李万元时刻走在时代的最前沿。

如今，李万元的“油茶梦”逐渐驶入“梦想成真”的高速路。他说：“未来，我们只做农业！为此，我有理由为之自豪一生。”他对于农业的投入也越发慷慨精进，总投资45亿元的“中国（耒阳）油茶博览园”为我们呈现了一幅美好蓝图：规划建设面积35000亩，集林业、农业、加工业、旅游业为一体，包括油茶核心产业区、种植博览区、精深加工区、休闲观光区、油茶小镇示范区等综合体项目。它的实施将对油茶领域起到产业示范和行业引领的突出作用。这一项目不仅有效缓解了耒阳乡村的就业压力，还为推动耒阳“新型城镇一体化、社会主义新农村建设”做出了更加积极的贡献。未来要让每一棵树都挂上油茶身份证，只做纯茶油，用最好的工艺，做最好的油。像某国酒带动当地的经济一样，一瓶茶油带动整个城市经济发展，通过整合方式打造千亿级油茶集团公司。到那时，这位油茶品牌创始人的“油茶梦”才能美梦成真。

唐光文：小瓶盖，大情怀

2010年对于唐光文来说，是十分特殊的一年。这一年，他的重庆首键药包有限公司捷报频传，拿到了一笔70万元的科研奖金，身为董事长的唐光文手舞足蹈，因为这是他亲自担任科技带头人，带领科研团队研发创新科技杰出成果的最好证明。

虽然这笔钱对于唐光文来说根本就不算什么，但这份殊荣，这份认可，对他来说却是无比重要的。它见证着一个企业崭新的开始，也照亮了他企业经营的新征程。

其实像这样的殊荣后来还有很多，比如，重庆首批英才计划·创新创业领军人才唐光文就位列其中，这也是国家科技部门主导评选的重庆市以人才兴市是有分量的荣誉。和他一起获奖的，要么是院士，要么是科学家，从学历到资历，好像都跟唐光文没有关系。但凭着一腔热忱和坚持不懈的实干精神，唐光文硬是跻身其中，成为大家眼中公认的科技型人才。知情者们说起他的时候，常常带着崇拜的神情：“他是企业家里的科学家，科学家里的企业家，真是一个了不得的人啊！”而重庆市科技局领导对唐光文却有着另一个高度的评价：“好多企业家企业做得好但科研不见得能做好，科研做得好企业经营又不行，能把科研和企业都做得好的人不多见，唐光文就是这样的人，学问拔尖，管理拔尖，做人也拔尖。我们都称他为编外院士”。

唐光文1960年出生，家中排行老大，是地地道道的四川人，个子虽小，却干练过人，大家都说他的眼睛炯炯有神极富亲和力，好像天生就能引领千军万马。在大家眼中，唐光文平时待人接物谦卑有礼，很少发脾气，他的身上总是散发着一种儒雅气质，同时深藏着一种强大的魄力和野性。

他总说，人活一世，最重要的是要找到一件自己认为最有意义的事，如果可能，就将这件事看成是值得自己奋斗一生的事业，不做则已，要做就做到最好。并提出“专心专注专至臻，高质高效高赋能”的质量管理思路。很多朋友都说他是“十年磨一剑”，不管做什么，即便是面对一个小小的瓶盖，也要把它做到极致，做到极致。即便在别人看来，那不过是一个微不足道的物件，但对于有理想的人来说，即便再小的事，只要用心，都可以因此迸发出无限憧憬、希望和豪情。

很多人在了解了唐光文的创业历程，知晓他与药用小瓶盖的不解之缘后，都觉得这个个子不高的男人，对于事业的追求，实在太令人敬佩了。他说：“别看瓶盖虽小，它的使命却不是一般人可以替代的，不管瓶子里面有什么灵丹妙药，瓶盖出现问题，里面的内置就会跟着出问题。再好的东西，如果在细节上有瑕疵，它所承载的价值，就会跟着大打折扣。正所谓，麻雀虽小，五脏俱全。它所涵盖的学问包罗万象，别看就这么小小的一点，里面的学问可大了。在很多人看来，虽然这种产品算不得高端，高科技，但要做专、做精、做细并不容易。在笔者看来，大的东西反而好做，而小的东西，却是越做越精致，越做越升华。要想做到专精尖特新，这里面就需要非常高超的技术含量。而这往往是最能考验一个企业的良心和他的工匠精神的。”

在日常生活中，我们经常会接触一些药物口服液的瓶盖，消费者在服用的时候，需要一根非常尖锐的插针，给瓶盖钻一个孔，然后才能插入吸管饮用，这样不但不方便，还可能会给消费者的身体健康埋下隐患。唐光文和科研、生产部门调研后发现，这个不足指甲盖大小的小瓶盖上面有一片很薄的铝片，在加工过程中，只要稍有不慎就会做坏，残品率是相当高的。那么如何让小瓶盖达到反诉加工多少次，都不会损害它表面上的材质呢？这个高难度问题，曾经让唐光文一度陷入沉思。

唐光文发现行业中的药用瓶盖厚薄不均，很难把握，厚了使用者很难穿刺。薄了，里面的液体就容易泄漏和污染，这样就很容易造成浪费和更严重的安全隐患。瓶盖虽小，但对于生产设备和技术的要求是相当高的，力道也是很难把握的。这也是消费者们被视为诟病反复投诉的症结所在。看到失常的需求，也看到消费者的痛处，唐光文把解决这件事看成是自己的责任，他决心彻底攻克这道难题，即便这块骨头再难啃，也一定要狠狠地把它拿下。

唐光文打听到，自己以前一起合伙做药材生意的朋友，现在已经入驻了药包瓶盖产业，于是便带着求知欲的饥渴登门来向对方请教，学到了很多十分有效的工艺技法，他还派人到河北省一家行业内较大的药包企业取经，通过对他们模具工艺的研习，开始对自己的链和模具制作，加工的升级改造进行反复的推敲和研磨。为了能够做好瓶盖，他还不惜花费高价，请来其他企业的行家里手，连续几个月奋战一线，手把手地给员工传授技巧和生产工艺。不仅如此，为了能够让手里的产品精益求精，唐光文还专门去大专院校、科研院校拜师求教，探索解决残留问题的症结。在重庆大学、四川大学、西南交大、西南职业技术学院等院校都留下了他上下求索的身影。就这样，从理论到实践，他们一步一步地深入研究，改变工艺，终于完成了一系列生产制作流程的改良，攻克了一道又一道工艺难题，彻底根除了铝残留问题，保证了产品的精致质量。

本来一切看起来都很顺利，很多人可能觉得万事大吉了。可唐光文又发现了新的问题。他发现很多产品之所以不合格，其症结就在于它的生产流程几乎全是靠人工的。在 2013 年以前，整个药包行业全是人工在操作的，这样的弊端让产品质量波动很大。因为人为因素在作祟，只要工作人员中间出现过度劳累现象，就有可能导致流水线上的产品出现很严重的质量问题。于是唐光文对自己说："要制造一条智能化生产线，不需要太多的人工参与，一切产品都靠机械化生产，这样生产出来的东西，才不会有这么多质量问题。"

工欲善其事，必先利其器，除了加大技术力量以外，最重要的一点就是提高生产技能，苦练内功根基，此外还要引进自动化设备，对现有的机器进行改造。他们集合各种科研力量，在短时间内就开发、设计、研制出来一条自动生产线，该自动生产线一经推出，就实现了批量化生产，使所有产品残留物都跟着大大减少，合格率也跟着大幅度提高，产品的优质率也因此得到了市场认可，这项技术填补了行业内的空白；在现有基础上，他们把机器设备一步一步升级，最终彻底实现了更新换代。

首键药包创立以来，坚持不懈地研发了专精特新的产品，许多同行曾经为此大为不解，药品包装行业利润高，市场大的产品有的是，为什么偏要在细微产品上“螺蛳壳里做道场呢”？唐光文不以为然，“小瓶盖里有大学问，也有大市场，企业和产品不论是大还是小，唯有不断创新，才能实现最终的梦想与辉煌。”唐光文是这样说的，也是这样做的。

眼看小瓶盖的高精尖端技术一个个攻破了，下一步要解决的就是跟瓶盖有最佳搭档之称的吸管。药品瓶盖和吸管是紧密相连的，虽然那也不过是个不起眼的小产品，但想要把它做好，做到绝对精致，绝对安全，也不是一件容易的事情。所谓唇齿相依，密不可分，进嘴的东西，必须是绝对安全的。在深入市场调研后，唐光文发现，国家其实早就出台了引导用药指导的方针：能口服的不注射，能注射的不输液，由此他推断出，其实口服液的前途市场是不可限量的，即便是商业社会风云流转，但瓶盖和吸管永远不会昙花一现。可现在吸管制造行业真可以用“零、散、差”来形容，生产普遍存在设备落后、产能低下、浪费严重等顽疾，整个行业里甚至还没有一家厂商拥有全自动化的生产流水线。看到这里，唐光文一个惊呼："这岂不就是我们药包完善产品链的绝佳机会吗？这个牛角尖，我钻定了。"

此时唐光文觉得一切都是如此充满着诱惑，他带着公司旗下的首瀚智能技术研究院历经两年研发攻关，终于成功地攻克了"吸管智能生产线"，实现了自动投料，软件控制生产，在线监测纠偏，自动包装等全工艺流程智能化生产，大幅提升了生产效率，残品率大大下降、符合产品优良标准，他们还获得了多项专利技术，被列入了国家的行业标准。有了优质的产品，自然也有了优质的市场，此时的唐光文俨然成为大家心目中的英雄，既有战略眼光，又有制胜才华，而此时的他仍然没有满足，他又将目光深邃地看向远方，仿佛时刻在准备着迎接什么，又时刻准备奔赴新的战场。

2020 年，就在唐光文获得创新人才荣誉的当年，一个意想不到的好消息传来了，国内某知名大企业主动找到首键公司，提出和他们深度合作，先期投资 400 万元，进一步开发智能制造品牌。而这时该企业也主动向唐光文抛出了橄榄枝。他们独具慧眼，求贤若渴，想要将小瓶盖工程打造成高端科技，智能化生产，成为整个行业中的样板工程，在全国中小企业里面树立一个科技创新的标杆。

说到小瓶盖的工艺精神，唐光文总是滔滔不绝。他说自己曾经看过一部很令人感动的纪录片，说的是日本的一个老工匠，一辈子就专注地做一把宝剑——日本武士剑，而且历经几代传承，都在持续性地锻造这把剑，因此这把剑极其精致锋利，削铁如泥。唐光文说："东西不在大小，只要功夫深，小东西也可以做成大事业。抛开民族感情和历史恩怨不说，日本有许多企业都是值得我们学习的。他们的百年企业比我们多，原因就在于他们始终都专注地在做一件事，那种精益求精的执着和坚定，是他们获得成功的重要基础，他们力求精细，力求专业，即便做一坛酱菜，那也一定要打出一个百年的金字招牌。现在好多人都急功近利，动不动就要搞什么大项目，大投资，大规模，却不知越大的东西，越是粗犷，铺的面积越大，越容易失控，结果专业水平没上去，费了半天功夫还是无功而返，正所谓欲速则不达，越是追求利益，追求高效，于是不能达到精致。在我看来，好的产品不分大小，如同工作和做人，生命中的每一个细节，本应力求精致，从来都是没有大小之分的。”

别看现在唐光文做小瓶盖做得风生水起，其实一开始，他的老本行是做药材生意的。他的爷爷和父亲都是当时十里八乡公认的名医，经常为村民义诊，遇到困难的不但不收医疗费，反而还免费开方送药，而当时的唐光文始终都觉得爷爷和爸爸做的才是世间最伟大的事业。本来他也想成为一个了不起的医生，但在青年时期，他赶上了改革开放的大好年代，下海经商的春风吹遍了祖国的大江南北，看到机遇的唐光文也立誓要出去闯一闯，不做成点惊天动地的大事业，就绝不停下自己的脚步。

那些年，他见识到了很多奸商的生意场面，看着他们以次充好，以假乱真，大量的假冒伪劣中药材被投放到市场上，以至于很多身患疾病的患者，花尽了自己半辈子的血本，还是没有解决身体问题，最终人财两空，家破人亡。唐光文痛定思痛，决定闯入中药材流通经销领域开阔自己的事业，好好地一展身手。1983 年，唐光文创办了四川达州某某贸易有限公司，专营药材加工销售，筚路蓝缕，砥砺前行，因为独具慧眼，奋勇打拼，他终于成为一个别人眼中成功的药材商人，彻底实现了心中向往的财富自由。眼看已经衣食无忧，唐光文却开始惆怅起来，夜深人静的时候，他经常对着皎洁的月光沉思，他对自己说："唐光文，唐光文，难道这就是你想过的生活吗？难道除了手里的钱，你就没有别的追求了吗？当然不行，你需要做的事情应该还有很多才对啊！"

除了要做有钱人，还要成为一个有追求的企业家，这是唐光文给自己定的任务，也是他心中最恢宏的理想所在。为了开拓思路，2005 年 10 月，唐光文参加了清华大学第一届总裁培训班，班里一共 108 个学员，称号一百单八将。当时他们的班主任刘学哲老师曾对他们寄予很大期望，那就是"打造一艘咱们清华总裁班不朽的航空母舰"。唐光文把这句话深深地记在心里，潜心学习，如饿狼一般贪婪地吸收知识，上课时专注努力，下课时持续思考，他在课堂上总是不言不语，但对于学习可谓一丝不苟，他从来不与同学玩耍聚会，一门心思地将精力都用在读书听课上，以至于最重视人际交往的同学都戏称他是一匹饿狼扑到了羔羊上，扎进去就谁的事儿都顾不了了。

经过一段时间的刻苦学习，唐光文觉得自己收获很大，眼前的格局和视野也变得开阔了。他觉得自己应该实现更大的人生价值，承担起一个企业家应尽的社会责任，不但自己要富，还要带动身边所有人跟着自己一起富裕起来，他告诉自己，生命中的每一天都要做有意义有价值的事情，造福于人民，造福于社会。这也正是他决定放弃传统的药材生意，转型迎接药包产业新挑战的主要原因。

俗话说隔行如隔山，可唐光文却不信这个邪，当时他和某集团有着很好的生意往来，眼看该集团从一个小企业发展成为一家规模庞大的上市公司，而他们走的科技创新、技术引领的发展之路，正是唐光文心中所向往的，于是这位四川的精明汉子坐不住了，他决心找到一条属于自己的事业发展之路，并将它做成全国乃至全世界，最精良的规模产业。

机会来了，2008 年，西部大开发如火如荼，以多年在医药行业练就的嗅觉和敏感，唐光文毅然决定奋力一搏，他决定二次创业，做药品包装行业，这无疑是一个大胆的选择。本来药材生意做得如鱼得水，可放着稳妥的生意不做，非要一切归零，从头开始，而且这个药包生意说起来不复杂，但是真正深入其中才发现也不是说做就能做的，里面的技术含量之高，门槛要求之严厉，投入成本之大，远远超出唐光文的想象，而且药包行业是长线投资，很难取得立竿见影的效益，为这样一个产业去承担未知的巨大风险显然是不划算的。但唐光文要做的事情，又有谁拦得住，他义无反顾，决定在药包行业中闯出自己的天下。恰恰在此时，之前的集团感召于唐光文的赤诚，主动给了他一个大订单，一年之内，拿出 20 万个口服液瓶盖，基于过去的合作与信任，他们快速达成了框架协议。

有了订单保证，后面的事情就得靠自己的拼搏和实力了。说干就干，唐光文抓住重庆涪陵区在工业园区着力打造食药制造业的机遇，作为招商引资企业进入，创办了重庆首键医药包装股份公司，专注药品瓶盖的研发、生产、经营、服务。至此，中国药包材行业闯入了一个籍籍无名的“搅局者”。“不干则已，要干，就把企业打造成全国药用瓶盖行业中的标杆！”唐光文在组建经营团队的高管会上信心满满，誓言铿锵，但场下的很多人对于企业的发展却始终打着一个问号。很显然，他们觉得这个标杆的分量太重，对于一个刚起步的公司来说，根本就像一个神话故事。

尽管身边的人一片唏嘘，唐光文还是决心先把这 20 万个小瓶盖订单的第一顿饭吃好，不辱使命。当然，想要开创事业，必须要有充足的资金，兵马未动，粮草先行，唐光文把他多年积累的财富倾其所有，悉数投入，租赁土地，建设厂房，引进设备，购买材料，招兵买马。几番折腾，唐光文的资金投进去大半，但仍然还有许多缺口，让他感到捉襟见肘。所幸的是他手头还有 700 多吨珍贵药材，按照当时的价格才卖到七元多一千克。以他在药材行业的经验，他知道这一批药材过一段时间肯定会成倍涨价，到时候就可以狠狠地赚个好价钱。但此时，新创办的企业急需用钱，他也顾不上奇货可居了，就以每千克 7 元忍痛割爱。卖了不久，这批药材就涨到了二十多元每千克，七百多吨药材少赚了几千万元。但是唐光文并不后悔，既然决定做新的产业，他就要保持高调的态度，如果只注重眼前的利益，说不定就会错过企业发展的良机。

资金困难得到了解决，紧接着问题又来了，眼看厂房都盖起来了，生产许可证却时时不落地。从2008年年初他们报上去申请文件资料，到2009年年初已经过去一年了，还是没有任何消息，唐光文终日备受煎熬。

为此，他把自己关在办公室里七天七夜，整日愁容满面。但庆幸的是，在那段他人生中最难熬的日子，他的儿子小唐始终陪伴在父亲身边。

2008年的时候，小唐大学毕业，在成都风景园林规划设计院从事园林设计工作，本来事业做得风生水起，单位还给他配了专车和司机，工资也连涨了好几级，可此时的唐光文却硬要把儿子拉下水一起创业，起初小唐并不情愿，可耐不住父亲天天给自己上课，今天谈人生规划，明天谈企业发展，可谓苦口婆心，孜孜不倦，最终耐不住父亲的坚持，他顺从了父亲的规划和安排。可让他没想到的是，自己刚回到成都，就赶上了父亲最艰难的时刻，万事具备，但东风却始终没来。这让父亲度日如年，求“文”若可。也就是在这段煎熬的日子里，父亲还一不留神把脚给崴伤了。看着父亲一脸沉默，走路一瘸一拐的样子，做儿子的看在眼里，痛在心上。

好在最终东风还是到了，2009年年底，上报批文近两年的时候，他们终于拿到了国家药监局审批下来的审批手续。看着眼前的批文，唐光文终于笑了，这么长时间紧锁的眉头终于舒展开来，他对儿子说：“拿到这张批文就好像领到了结婚证，实在是人生的一大乐事。”那天，他和好几个公司里的员工喝酒一直喝到深夜，脸上始终挂着满足的笑意，所谓酒不醉人人自醉，接下来就是大干一场了。

2010 年年初，厂房设备陆陆续续建成，机器设备也都安装完毕，3 月他们开始组织生产，按照合同他们要在一年之内给太极集团完成 20 万只小瓶盖，工期短，任务重，要求高，唐光文信心满满："要打造行业标杆，必须追求卓越质量，让品质成为品牌的硬核，是首键药包维护顾客忠诚度的撒手锏。"说起来容易，但要做到却很难。创业第二年，他们如期完成一次交货 20 万个瓶盖后，客户反映瓶盖密封不到位，铝屑清除不干净。唐光文二话不说，立即命令拉回产品全部销毁。在销毁现场，唐光文对全体员工讲："做药用瓶盖和吸管，细微的差别就能引起质量投诉和原材料浪费，更可怕的是企业声誉会受到影响。我们要做百年品牌，不追求卓越质量就没有生存空间。"这成为业内名噪一时的新闻。

走麦城出师不利，这可以说给了唐光文当头一棒，以后企业如何发展，产品质量如何保障，成为摆在唐光文面前的首要问题。

不合格产品销毁之后，首键公司召开产品质量研讨会，分析原因，吸取教训，最终发现症结还在于当时投入的资金比较少，机器设备相对落后，生产环节大多是手工操作，这最终造成了诸多人为因素干扰，致使产品工艺达不到要求。要想彻底打好这场翻身仗，就需要加大投入，购买先进设备，加强科研力量，培训上岗员工。

2012 年，公司率先组建了药品瓶盖行业第一个集技术研发、产品设计、材料检测于一体的现代化技术中心。中心广纳海内外人才资源，打破行业机械化生产传统，率先实现了整个生产流程向自动化转型，获“市级企业技术中心”称号的研发团队。公司选用国内外先进模具材料对关键设备冲压机床进行升级和自动化改造，开发出整套高精度模具，加装自主开发的自动装置后，产能增加，产品精准。走进首键公司药包生产车间，看不见几个员工，实现了少人化甚至无人化、智能化，最终实现了以减少现场人为参与对产品质量的影响。

在商言商，一般商人都是以盈利为目的，更有甚者唯利是图，无利而不往。但在唐光文这里却从不急功近利，不计较一城一池的得失，因为他追求的是长远利益，他追求的是实现公司长远的战略规划。

在他初创企业的时候，他考虑的不是挣多少钱，而是尽心尽力建立与维护自己的品牌；企业有了第一笔收入，也不打尽分光，而是加大科研资金的投入，更新引进先进设备，打造建设新的厂房，培养更为优质的人才，积累底气；

直到企业在2015年三板上市的时候，账面上资金只有300多万元，为了积攒实力，他们几乎把全部家当都押上去了，即使暂时亏损，也是一种战略亏损，就像下象棋一样，有时候需要丢卒保车，或是丢车保帅，这就是战略眼光、战略布局。

经历几次战略亏损之后，2015年，唐光文开始组建市场，打造品牌，树立形象，赢得口碑，韬光养晦，厚积薄发。这时候，他又有了一个很重要的战略想法，想让自己的首键成为一家成功的上市企业。

以当时首键公司的规模和实力，运作三板上市，成为一家上市公司，似乎有点不可思议。于是唐光文找到他们的法律顾问，也是注册会计师、注册律师、注册税务师咨询，法律顾问分析了首键的优势，就在于科技领先、智能制造，是国家重点发展和扶持的高科技企业，他们从事的产业也是国家和政府所大力倡导的大健康产业，具有不可限量的发展前景，公司不在于大小，而在于品质高低，而且他们这家中小型民营企业一向规范合法经营，从不投机取巧，也符合上市公司的必要条件。

有了法律顾问的认可，唐光文更加有信心了，于是就给西南证券打报告。后来西南证券专门就这个项目到其公司做了调查，觉得有点不可思议，见多了大企业的西南证券工作人员没见过这样一家中小型企业能做得如此规范，如此干净，上市审批的每一分钱都没补，可以说无可挑剔。

因为准备足够充分，最终于 2015 年 2 月签署协议，11 月就在西南证券挂牌了。仅仅用了四个月的时间，唐光文的公司就吸引过来 1500 万元资金，眼看小瓶盖已经做成了大事业，唐光文也因此迎来了自己无数个高光时刻，他曾经被诱惑过，曾经被抬高过，曾经在十字路口徘徊过，但最终他还是回到了他认为最正确的地方。

他对自己说，虽然手里的钱能够帮助他成就很多事，但对于一个人来说，真正的事业往往就是专注地做好一件事。每当有人问起，唐光文未来首键的发展时，他信心满满地说道：“我相信首键公司会在不远的将来成为行业中的第一，成为全球的第一，干企业，要干就干第一，不是最好，那就干脆别干，中国其实是全球市场最大的一个国家，人口最多，需求量最大，而且人口老龄化，大健康产业方兴未艾，未来的机遇数不胜数。没有什么是我们中国人干不出来的，我相信用不了几年，我的这个目标是一定会实现的……”

说到未来的时候，唐光文的脸上总是洋溢着灿烂的微笑，他的目光犀利有神，思绪仿佛已经行走在了未来的路上。

儿子说：“老爸的生命里，充满了诗和远方，别看他每天为小小的瓶盖绞尽脑汁，其实骨子里还是一个很有情怀的人。”

有一次记者到企业采访，问及儿子小唐的职业规划，问他要不要超过老爸。小唐的眼中充满了年轻人的干练和坚定：“那是必须的。”他对记者说：“未来的首键将会成为这个世界上的第一大药包产业供应商。”于是记者又问：“那你爸爸肯定还有很多梦想吧？”小唐腼腆地笑笑说：“他已经五十多岁了，快到退休的年纪了，但他始终觉得自己还是个年轻的小伙子。”

“那六十多岁也该在家享清福了。”记者说道。而小唐却笑着摇摇头说：“我相信他不会，他是一个闲不住的人，企业和瓶盖就是他的生命，一个人怎么会随便地离开自己的生命？何况这些已陪伴了他那么多年。在我心中，他俨然已经把自己的事业做成了诗，首键是他一生的情愫，一辈子的不解之缘，千言万语，万语千言，早都融进了那个要做世界第一的理想中去了，如果这份使命没完成，想必他是永远都不会下班的。”

刘晓林：三牛精神，一位中年人的少年情怀

在面对记者的时候，刘晓林一改往日的西装革履，一身闲适的休闲装，彰显出了一个企业家特有的风姿和气质。当记者好奇地问，为何如今的自己可以活得如此洒脱，他听了笑笑说忙了这么久，如今已经是个快要退休的人，总是把自己抓得太紧，琐事加得越多，就越难将思路运作清晰，而如今的我俨然学会了将手放开，尽可能地潇洒快意，做企业家很好，做个老干部也罢，时代在转型，企业在革新，总要给年轻人一些机会，这也意味着当我为我的“孩子”寻觅到更好的归宿时，他的命运发生了变化，而我的使命轨迹也有了新的起点。

刘晓林于 1961 年出生，曾经是重庆大学建材研究生班的高才生，从工作的那天起，他就和水泥有了不解之缘，本以为那不过是干一行爱一行的职业道义，没想到这样一个因缘，一结就是 30 年，水泥丰富承载了他整个的内心世界，让他在见习中，一点点地成就了自己的人生价值，他不断地积累着自己的经验，强化着自己企业管理的能力，硬是将一份工作，变成了伟大的事业，不但获奖无数，还先后 20 次被市经委选派到越南、

欧洲等地学习考察，不仅在精神上要求进步，而且在能力上也有突飞猛进的收获。2001 年，他代表重庆市科委出席在长春市召开的全国科技研究大会，其论文就获得了“中国新世纪科技精英奖”。他不但将自己的水泥产业发扬光大，还多次陪同国家领导人出访国外，不但在自己的事业上出类拔萃，还先后获得了英国和澳大利亚一等大学的高等学位。他在工作上兢兢业业，在学业上精进努力，生活因此变得充实而满心憧憬。对于事业的理想，他从来不缺魄力，而对于自己的人生，他也始终坚持将主动权把握在自己手里。经过多年的拼搏和闯荡，他创办了属于自己的企业，重庆某某水泥集团有限公司。

重庆富丰水泥集团特种水泥有限公司是一家以利用水泥窑协处置固体废弃物为核心的综合性大型环保企业。旗下拥有重庆太富环保科技集团有限公司等多家分支企业。占地面积 1100 多亩，有员工 500 多人。其中中高级管理技术人才 50 余人，水泥生产线 2 条，它以平均每年 300 万吨的生产量，形成了一套超大的生产规模，年产值超过 8 亿元。企业成立以来，已经为国家的税收做出了上亿元贡献。刘晓林被推选为重庆水泥协会会长，作为行业领军人物，是水泥市场定价的风向标。尽管如今的刘晓林在别人眼中事业已经足够辉煌，但作为一个有野心的四川汉子，对于自己的理想和抱负，他从未就此停下脚步，他又将深邃的目光看向了远方，宛若一个宁静的战士，随时准备奔赴新的战场。

他终于等来了一个大项目，那就是构建四川成都天府国际机场。天府国际机场2016年5月开始投入建设，是我国“十三五”期间规划建设的最大民用运输机场。建成以后，将满足年旅客吞吐量6000万人次，货物吞吐量130万吨需求，这也意味着成都将进入“双机场”时代。成为我国继上海、北京之后第三个拥有两个大型国际枢纽机场的城市。整个航站楼构型取自成都金沙遗址“太阳神鸟”，4年多来，这只“太阳神鸟”徐徐展翅，将纸上蓝图一步步地照进了现实。而这只“太阳神鸟”的直接助力基础，就是为其铺设跑道提供特种水泥的重庆民营企业某某水泥集团。2020年6月，随着最后一块道面混凝土浇筑完成，天府国际机场唯一的4F级跑道西一跑道就此全线贯通，该跑道使用的是重庆市某某水泥集团特种水泥有限公司提供的低碱特种水泥，这种水泥质量上乘，有着超强的黏合力，而刘晓林也是对这项工程着实上心，直到全部六条跑道完工，其所用的水泥已经高达52万吨之多，他所领导的富丰水泥集团有限公司，不但严把了质量关，而且在整个城建过程中也发挥了至关重要的作用。

在整个机场建造工程过程中，涉及施工部门无论是宏观上的蓝图规划，环境考量还是基础设施，以及整体的交通配套，以至于原材料采购，水泥混凝土品质都有极高的要求，一切都是按照国际化最佳水准来落实施工的。其中一个重要的核心硬件就是机场跑道，它对于构成跑道的主要建材水泥有极高的要求，也是整个机场最为核心的设计架构，这也意味着它对其所构成跑道的主要建材水泥有相当高的要求，飞机的起飞和降落都是在跑道上进行的，每一次流程的完成都会对跑道产生巨大的冲击和摩擦，这是一般的水泥地面无法承受的。国际机场和地方小型机场的跑道厚度是有很大差别的，一般的机场跑道铺设的混凝土厚度不小于30厘米，而大型国际机场需要承受大型客机如波音747和空客A380的起降，跑道厚度不可低于35厘米，民用机场飞行跑道的水泥混凝土铺设，不仅要关注最低的厚度要求，更重要的是要对水泥的混凝土设计强度、耐磨性、耐久性及拌和物工作性的要求进行合理优化，除此之外，还要对飞机跑道的抗冻性进行更为精密的考量，而这一系列的标准和考核都是相当严格的。为了使这个百年世纪工程保质保量地完成，找到最符合标准的特种水泥，机场建设部门全国招标，经过千挑万选，严格审核，最终敲定了刘晓林领导的重庆富丰水泥集团有限公司。

常言说得好，打铁还需自身硬，多年来，富丰水泥集团公司一直是川渝两地，乃至西南地区极负盛名的水泥企业，他们从小到大，从弱到强，不断进取，赢得了更为长足的发展。2009年年底，富丰集团已经成为一家成规模式发展的集团企业，成功地打造了自己的经典品牌，增强了企业的整体实力，全面提升了自身的企业形象，是当时整个重庆市建材民营企业的骨干力量。他们的水泥产品质量上乘，畅销全国，尤其是他们研发的特种水泥更是在业内独领风骚，早已扬名四海。在此之前，富丰水泥集团就已经参与了四川、重庆等地许多机场水电站、高铁、轻轨等终点工程项目的建设，因其产品质量上乘，获得了业内外很高的声誉和赞美，由于机场特种水泥的特殊性，再加上原材料的稀缺，道面水泥特殊指标要求特别高等条件限制，施工方相关人士称，为了避免近年来部分大型民用机场跑道发生混凝土板底脱空现象，该跑道对水泥质量要求也是相当之高，除此之外，富丰水泥还是国内首个整条采用道面沥青复合层新型工艺的跑道。该工艺通过在机场水泥混凝土道面层与基层之间设置沥青复合基隔离层，不仅可以达到隔离、防水、抗冲刷和应力缓冲等功能，还可以有效地解决脱空、断裂等病害，提高机场水泥混凝土道面使用寿命。经过专家多方面评估断定，重庆知名水泥生产企业重庆市富丰水泥集团特种水泥有限公司为成都天府国际机场 3 条跑道提供全部道面低碱水泥和基层水稳水泥，富丰水泥集团如愿以偿，终于在强手如林的激烈竞争中脱颖而出，最终赢得了中标的胜利。

眼看初战告捷，还没来得及喘口气，他们就马不停蹄，再接再厉，践行自己招标中的承诺，准备拿出自己最一流的产品，打造这个声势浩大的百年工程，对于这件事，他们并没有过多地考虑自己的经济效益，而是更为看中社会影响的效益，为天府之国的宏伟蓝图，涂抹上浓墨重彩，为远古图腾“太阳神鸟”展翅高飞，倾尽自己的全心之力。招标成功之后，他们立刻投身于紧锣密鼓的生产之中，而摆在他们面前的巨大挑战，首先就是工期紧、任务重的难题，因为这个工期整合下来也就不到一年时间，仅仅 11 个月就要保质保量地完成 50 万吨特种水泥的供应，这种低碱水泥必须符合机场跑道的高强度、高韧性、高耐磨、高抗折要求，来不得一丝一毫的马虎。除此之外，他们还面临着一个更大的问题，就是原来的特种水泥还达不到这种特大机场跑道的要求，还需要在原有基础上，把水泥提高到一个更高更好的档次。面对重重困难，专家型企业家、重庆建材协会会长、富丰水泥集团公司董事长刘晓林针对这几个问题，带着自己的团队冲锋陷阵，亲力亲为，争分夺秒，他们的研发团队从原材料入手，足迹遍布全国各地，寻找符合需要的高品质石灰石，然后拿到实验室进行分析研究，反复进行试验，再结合以往的经验和技术，一个月不到就研发出新型水泥，这项巨大的成功，使得机场水泥的各项指标完全达到了要求，送到国家质检中心去检测也全部达标，抗冲击，耐摩擦，高强度的特种水泥就这样横空出世，正式投入批量生产。科研在先，生产随后，他们的几条干法水泥生产线马力全开，日夜加工，保障供应。然而在运输环节上，受到新冠疫情的影响，他们生产出来的水泥受阻，大批量的产品物资不能顺利运往 200 多千米之外的机场建设基地，当地政府部门了解到这种情况，本着保证全省重点工程如期完成，为企业分忧解难的原则，在严格消毒、防护的前提下，特事特办，一路放行，直接开辟了一条绿色通道，让一辆辆满载水泥的运输车畅通无阻，最终成功到达了工地。

由于工程浩繁，水泥需求量越来越大，因为时间实在是太紧张急促了，施工单位为了工程进度能够精准落地，每个施工单位都立下了自己的军令状，力求工期能够按时完成，因此作为原材料的供应方，富丰集团有时一天最多发了一百四十多车水泥。即便在牛年春节期间，他们也不休假，风餐露宿，星夜兼程，供应从未中断过。为了感谢他们的敬业精神和职业操守，施工方四川某某集团在完成跑道施工任务之后，特意给他们第一线员工发来10万元以资奖励，因为是富丰保质保量，及时供货，才让他们圆满地完成了机场跑道的建设任务，一般给予对方奖励的都是一些供货方，这样的“倒奖”情况实属罕见，这足以说明富丰人全然已经为自己的身体力行感动了华西这片土地。成都天府国际机场西一跑道全长4000米，宽75米，是“两总一横”3条跑道中最长的一条，也是唯一一条可以起降巨型客机的跑道，该跑道水泥混凝土施工从2019年10月开工建设，比2020年6月20日此次试飞原计划时间提前4天完成了全线贯通。2021年1月22日，成都天府国际机场开始正式进入试飞阶段，6家航空公司参与了川航的一个资深机长在试飞结束以后，接受了记者的采访，他高度评价了这条跑道起飞非常顺畅，落地也非常平稳，这可以说是他从业以来，试驾飞机起降感觉最好的一条跑道。这也正应了富丰水泥集团早已形成落地的文化理念：“富天下之民，丰家国之基，水一定灵动，泥一样质朴。”

做人要实实在在，做事更要兢兢业业。在这个浩大的工程中，富丰和自己的兄弟部门用心打造的“太阳神鸟”呼之欲出。天府机场业已建成的两座航站楼仿佛有灵气一样，缓缓地在美好的蓝图上飞了起来，慢慢形成了属于自己的华美弧线，让人们一下就联想到成都金沙遗址出土的太阳金箔，上面的四只驮日飞行的神鸟，它们代表着一年四季的时光变化，也反映了古代蜀人朴实的天地观念。四只神鸟，这不正好既契合了天府机场构型特点，又展现出了古蜀文明的文化特质，还寓意着天府机场为四川经济腾飞插上翅膀的美好愿景吗？看到成功试飞的机场，富丰集团董事长刘晓林终于长舒了一口气。站在凝聚着自己和富丰人心血和汗水的跑道上，他满怀深情地和同事们说道："这个天府机场百年工程修好了过后，再过几十年，当我八十岁的时候，我还要争取在天府机场拄着拐杖走下飞机，我要好好看看这个跑道坏了没有，有没有不平，质量是否过关。如果一切还如往常一样优良的话，我便可以自信满满地坐在儿孙面前吹牛，告诉我的那些娃儿，当年他们的爷爷到底干了一番怎样的丰功伟绩。"

时光悠悠转眼间，刘晓林的富丰水泥集团已经连续完成了数个国家级重大项目，迎来了属于自己的一个又一个崭新春天。如今的刘晓林虽然依旧精神焕发，却也到了不惑之年，每当他回忆起人生中的一段段过往，从创业的起始一步步走到如今，人生中所有历程，闭上眼睛，便随着深邃的记忆，依依浮现在生命的脑海里，那些往日的悲欢离合，那些风雨中对彩虹的向往和期许，那些来自在暗夜茫然间回眸走过的路，有如一道鲜活的光环，成为生命历程中最精彩的一部分。而这一切看似漫长，却有如光阴里的一瞬，谈笑间，宛如重遇到了过去的影子。或许人生中的每一天就是这样，睁开眼睛的时候，便是起点，每个人都将伴随着第一缕阳光重新上路，因为每一天都是崭新的，所以崭新的生命中，便充满了未知和期待，我们总是希望自己的创造能够为自己赢得更好的未来，然而当人生行于半路的时候，那过眼的时光，足够让人回味。

虽然本行做的是水泥产品，但企业家的勃勃野心怎能就止于此？于是刘晓林将眼光放到了更长远的地方，如今的时代，价值战永远都是物以稀为贵的，而真正稀缺的东西除了思想以外，便是能源问题，对于这个全然的新能源时代，谁把握了能源，谁就等于攥住了黄金。而刘晓林正是依据这样果断的战略，将自己的事业眼光集中在能源中的天然气上，如今天然气已经成为时代主流的能源资本，谁把握住了它，谁就把握住了财富的命脉，当然里面还蕴含着精密度的科技含量问题，而此时此刻的刘晓林首先要攻克的除了技术难关，还有企业格局中的战略，想要把握机遇，企业首先要有规模化发展，而壮大规模的最佳形式，无疑就是上市。一家企业想要上市，是需要进行严格、严谨的优化和设计的，每一关考核都至关重要，如若没有通关，再想重新来过，或许从各方面的成本上已经不再允许。那些日子是刘晓林最紧张的时刻，每天他为了心中的宏图倾尽全力，很显然这样大规模的投入，曾一度让他经历了各种挑战和不适应。但对于一个合格的企业家来说，即便在其中经历各种负面情绪，也不会停下自己的脚步，因为想要的始终都在前方。最终，经历了钻石般苛刻的磨砺，刘晓林发挥了他善于协调调动各方资源，海纳百川的能力和魄力收购了重庆第一也是西南最大的水泥民企，掌控了资本运作的时代航母。

“海螺”经过慧力回收，最终实现有容乃大。海螺倾听的是大海的声音，心中有海，便容纳百川，即便历经艰辛，只要轻轻地贴近耳朵，便可以听到大海的问候，回归属于自己的诗和远方。但事实上，这样的历程并不是一帆风顺的，海螺也一度面临各种各样的考验，甚至如真理一般面对危机的拷打，但好在最终，秉持着企业上下同仇敌忾的勇气，这个坚强的“孩子”终于闯过了一关又一关，以全然强大的英姿出现在了全新的舞台，成为刘晓林心中极富生命力的一部分。刘晓林从来都不会忘记，即便在那样艰难的岁月里，企业上下也从不缺少温馨的笑脸；即便在痛苦的煎熬中，所有员工也从未选择轻言放弃，他们工作的时候，兢兢业业，下班的时候彼此勉励，只因企业的理想在他们的世界里落地生根，他们渐渐地将自己的工作活成了一种信仰，并在信仰的完善和优化中，找到了那个最美好的自己。于是他伴随着企业一通站场，不断地提升着生命的格局，也在格局中洞察未知，赢得了旅程中最完美的机遇。他说无论是企业还是个人，其实每个存在都是一种内在工程的完善，看似与外界联结，其实主修的还是自己。改变外面的世界很难，但适时改变自己其实也就是在改变世界。这个世界真正是什么样子对于一个人来说并没有那么重要，但你把他想象成什么样，就显得至关重要。有些人觉得走投无路，有些人却觉得遍地黄金，两种截然不同的世界观，必然缔造出两种截然不同的命运。而刘晓林坚信命运始终把握在自己手里，他就是那个自我的缔造者，人生历程中最好的设计师，即便生命是一场无须彩排的电影，画面中的每一个角度，对于自己来说都应该是完美的，无可挑剔的，绝对精彩的。他说人生已经赋予他太多美好的境遇，他有了自己庞大的企业，有了一帮志同道合的企业工作者，他有了属于自己的理想，可以伴随着心驰神往的一切入梦，尽管人生中避免不了磕绊和考验，但倘若错过了这些，岂不是成了平淡无味的代言？所有的经历，都是生命历程中最完美的回忆，至少回眸往事的时候，自己还可以说："就在那些风口浪尖，就在那些刀锋林立，无论生命的烙印中镌刻了什么，我很庆幸我陪伴了自己，在那一刻倾力地存在过。"

刘晓林平时常会抿着手中的咖啡，站在落地窗前眺望，不论是夕阳西下，还是车水马龙，人间的风景，怎么看都能品出属于自己的味道。任由时光穿梭，我自风情万种，人生的豪迈，不论走到哪里，都是一个全新的开始，而这个开始，始终伴随着全新的格局，引领着起跑者的时代，奔向更美好的诗和远方。

富丰水泥集团特种水泥有限公司总部位于重庆北碚新区星光大道，那里是商业圈CBD核心区，金融中心、科技研发基地、高科技企业和开发区集中的地方。就在刘晓林办公室的落地窗外有一个超大的中心公园，还有国家领导人提名的非常温馨的名字"幸福广场"。那里风景优美，游人如织，鲜花遍地，绿草如茵，呈现出幸福安详、和谐温暖的氛围。

刘晓林知道，人生从来没有止境，所以走到哪里，就要把愿景带到哪里。如今的自己，结束了昨天，便就此有了一个新的开头，无论下面的故事怎样开启，只要每一段征程都是完美的，脚下的每一步路便无所畏惧。他只希望稳扎稳打地开启自己新的旅程。对于这样的人生态度，用他的话讲："任由时光轮转，青春不在，岁月不饶人，我亦未饶过岁月，但求回眸无悔，半生归来仍是少年。"

赵砚：在体育的赛道狂奔

这个世界上没有所谓无用之物，有用没用尽在人心，华美之物历经千般工序带给人不朽的美感，而看似无用之物，在伯乐的慧眼中也可以成为难得的珍宝。很多人看不出它的价值，将它流落到一个自己永远都不知道的地方，而它或许就这样伴随着风，一路飘零，经过压缩、整合、改造、变形，化身成为另外的样子，成为广厦的脊梁，成为桥洞间最富有韧性的砖瓦，或许这时候你会说，那又怎样，但对于它本身而言却是一场激动人心的蜕变，这意味着它在时代的洪流中将有机会变成更多新奇的样子，带着经历者的步伐，迎接着每一次涅槃重生后的神话。或许在此之前，他从来都没想过，自己会变成别的什么东西，但当一切不可能成为可能的时候，在他的心里，就不再有“不可能”的道理。

赵砚，一个心中有蓝图，眼前有世界的中年男子。年少时，他也曾因为未来到底要做什么这件事而一路彷徨过。他将手里的可乐瓶子，没好气地扔下台阶，然后看着大街上的人将它踢来踢去，孩子看到它的时候，是一个游戏的玩具，而没好气的人看到它的时候就一脚踢飞，当然也有老人无意中用脚将它扒拉到一边，直到一个清洁工的出现，才促使它结束了在这里漂流的命运。于是他就问自己，当这个可乐瓶子离开眼前的世界，它会去向哪里，这时候身边的父亲对他说："你看，它有很多选择，它可以通过降解重新成为塑料，也可以通过制造变成一个别的什么东西，它可能会成为最廉价的塑料洗脸盆，也可能成为摆在收藏架上的限量版手办，它有很多可以选择的存在方式，关键要看它最终想把自己安放在哪里。也许若干年后，它会以不一样的姿态出现在你的世界里，它不再是那个被人踢来踢去的瓶子，而你与它的联结，从来都是一种默契，如果有缘，转身也能相遇，说不定它的呈现就是由你创造的，它就这样静静安放在了你的思绪和梦境里，伴随着你的激情和行动力，随时随地和你一起燃烧激情，这时候它不再仅是工具，而是一个和你一起参与游戏的玩伴，你思维活跃，它全情演绎，这样快乐友好地相处！但让你绝对没有想到的是，这一切美好的相遇都是从你没好气地把它扔出去的那一刻开始的。"

听到父亲的话，赵砚心中莫名地升起了一丝感动，大千世界的一切东西，就此都成为他独特视角间，难以割舍的财富，他相信世间一切的出现都不是偶然的缘分，它们只是一份尚未被开采发现的馈赠，而自己最伟大的理想就是源源不断地去挖掘发现这份馈赠，并将它们更为完美地呈现在这个明媚多彩的世界里。就这样，这个有理想的孩子，一直刻苦学习，考上了重庆大学，成为博士，他对土木工程产生了浓厚的兴趣，更对工程中的建筑材料格外钟情，他开始带着孩子般的好奇心不断地挖掘其中的奥秘。当他开始将那些被人废弃的物件一步步变废为宝时，他突然意识到，曾经年少时的梦想正在照进现实。曾经有这样一句话，堪称经典：“当上天把一件看似不可能的事情，塞到一个人的梦境里，其实就是想要帮助他，实现这个愿望。”这个世界上每天有成千上万的诚意萌生，有无数的意念堪称为灵感，但真正成就的事情实在太少太少了。原因很简单，有人选择坚持，却没有坚持到底，而有人觉得它是个梦，于是那也不过是一个梦境而已。而赵砚偏不信这个邪，他死死抓住了自己的创意和理想，在他有形或无形的世界细心耕耘，于是眼前的风景越发变得明朗了，他终于看到了他一个个久违的玩伴，并和他们快乐愉悦地生活在一起，他想要打造属于自己的建筑王国，源源不断地在中间填充慧力，他像他的朋友一样勤恳地工作奉献，只希望将内在的拥有活灵活现地诠释在现实生活中。他想让全世界的人看到自己的杰作，即便有一天，光阴带走了故人的痕迹，却依旧可以在他停留过的风景下驻足，感动于他的感动，嘴角间满怀着醉人的笑意。

回首赵砚的创业历程，从最开始涉足的体育用品贸易行业，再到后续对体育施工企业的建设，从一个个体育用品店的打造，再到一个个健身场馆、步道的打造，看似一个很不起眼的工程，但对于赵砚来说，却从来都不是一件小事。他说在这个世界上，没有小工程，也没有小工作。在他的眼中，工作就是工作，所有的工作，无论大小，都值得尊重，也值得用至真至诚的信仰去对待。对于工程而言，小到一块砖，一块瓦，大到一栋楼的水泥森林，里面的一点一滴，都凝聚了每一个人的憧憬和至真的感情。它容不得一丝懈怠，因为懈怠就是对不起自己。

2016年，一个震惊全国的“毒跑道”事件震动了整个建筑工程行业，大连市一所小学惊现一条“毒跑道”，数十名小学生出现了流鼻血、嗓子痛、咳嗽、恶心、头晕等一系列症状，除此之外，还有大量学生在体检之后显示数据异常。一时之间，“毒跑道”事件把这本该让孩子自由奔跑的地方变成了一个阴暗的旋涡，父母开始担心孩子在学校的人身安全问题，于是通过不同渠道发表意见，希望能够通过最佳途径“严防死守”，彻底解决这个问题。

看到这则消息，赵砚彻夜未眠，他想了很多，想到那些孩子，想到孩子背后无辜的家庭，他很想为他们做点什么，他希望为他们打造一道坚不可摧的“校园防火墙”，不管孩子们走到哪里，进行什么样的运动，父母都不再为他们的健康忧心忡忡。于是他开始思考学校运动场地的建设到底该如何进行保障，孩子们在健康的运动环境下怎样才能更快乐地成长，就此他开始了属于自己的环保探索，而他的大茂环保新材料股份有限公司就是在这一时刻应运而生的。公司自成立以来，专注水性科技，创造绿色生活，赵砚将这一理念融入企业的文化核心，为学校以及各大体育场地带来了最为环保、安全、无毒、健康的运动面层。所谓博观约取，厚积薄发，在2021年5月一个特别的日子，大茂新材惊艳亮相第39届中国国际体育用品博览会。作为贵州本土企业大茂新材不仅是贵州省第一家体育制造企业，更是贵州省第一家登上国家级高端体育行业展示平台的企业，正是因为它的存在，世界得以看到了一个全新的贵州省高端体育行业展示平台，而大茂新材就是其中最为重要的核心产业。

驻足回眸，从体育用品到体育施工企业，再到体育环保材料制造业，赵砚在体育行业的20个春秋里，他始终坚定着自己的信心，秉持着工匠精神，在最短的时间内超越了时代的步伐，将自己的高水准融入了全省体育行业的最前沿，毫无疑问，他树立了自己的丰碑，成为别人眼中的标杆，他成为所有人心目中的表率，成为无数创业者心驰神往的明星。此时，他意识到如今企业已经开启了新一段的行程高度，他的发展脉搏，开始伴随着心脏的振奋而活跃起来，从门店到集团公司，20年的风风雨雨见证了一个企业的发展传奇，也验证了赵砚这个领头人的雄心和魄力。

如今，与他展开深入合作的高端品牌越来越多。李宁、尤尼克斯……面对一个又一个的机会蜂拥而至，他表现出的态度却异常冷静。他全心地投入自己的研究和工作，还积极地参与各项全民健身的活动，他想要了解各类的体育赛事，想要进一步探索每一个经销商对于自身品牌的概念和需求，他曾经这样对别人说："我本人对体育产品是非常有情怀的，'引领健康运动的理念'是我们的追求，我也希望自己能够为促进贵州阳光体育运动蓬勃发展贡献一份力量。”

对于体育这个概念而言，他除了运动以外，最重要的一个核心目的，就是借助身体的活力，作用于内心，而真正能够引领健康的运营模式，少不了最富有最适宜从事这项运动的健身场地，就此赵砚开启了属于自己的施工构想，将一座座高质量、高水准的体育场地，从脑海中调转出来，一个个地落地实现，成为每一个老百姓晨练的运动场地。大家都说，这是他们有生以来见过的最完美的运动场地，在这里健身运动是如此享受，挥洒汗水的时候，是如此痛快，而坐在角落的时候又如此恬静。不管从哪个角度去观摩它，都会被它的时尚现代感吸引，以至于身在其中久久不愿离去。

其中，贵阳奥林匹克体育中心被评为2010年度“贵州省建筑安全文明施工样板工地”，以及2011年度“黄果树杯”优质施工工程。2012年，赵砚的集团企业赢得了年度中国建设工程的优质“鲁班奖”，而赵砚也在同年获得了“鲁班奖”工程项目经理的荣誉。赵砚坦言：“虽然荣誉是整个企业的荣耀所在，但今天得到，明天就会成为历史，翻过篇后，日子还会一步步地向前推进，谁也不可能永远停留在过去，如若选择，我依然会毅然决然地往前走，绝不会留恋过去的风景。人生会有很多险滩，也有很多患难，而一个企业也必将经历它一步步走向成年的考验，这并没有什么，即便在实践中出现了谬误，也没有什么大不了，关键是要看，自己在生命中始终坚持着一个怎样的信念，它是坚不可摧，还是随时违背，如若这样一个信念，能够在永恒的生命长河中屹立不倒，它便会成为信念本身，成为一个专属于自己的守护神。虽然对于宗教来说，我算不上一个特别懂信仰的人，但这并不意味着我没有自己的信仰，我相信每个人的信念之中都有属于自己的神，而这个神的意义在于那是一个人存留下来最本真的力量。他从来不会坍塌，亦不会随便地枯萎，它恒久地存续在这个独立个体的生命里、血液里、骨骼里，以至于每个最细小的单位，都会因它的存在而感动，于是它们达成了默契，协调统一，无论遭遇怎样的患难洗礼，都毅然地不离不弃。其实要我说，人的躯体和灵魂，本身就是一个国家，一个对外社交的载体，每个人都是自己的君王，每个人都是自己的上帝。当这股勇气，从上天注入到他的骨血里，他便成为他本真，即便暂时不是，也会朝着那个方向鼎力前行，直到一步一个脚印，直到越老越像他，直到成为他，直到遇到那个最圆满的自己。这或许就是所谓的愿力，只需将那一念坚持下去，能坚持多久，就会有多久的奇迹。于是我的企业就这样一步一步地进入了我的蓝图，从最初勾勒的一笔，再到后续的整个世界，那种指掌画笔的感觉，真的让我神采奕奕，我时不时地觉得自己就是这个‘孩子’的预言者，预言着它的未来、考验和勇气，我为它描绘出了丰富精彩的画卷，然后指着璀璨的晨星说：‘看那一切都是你。’而它就这样眨着憧憬的眼睛，将一坛星空收进自己叫作梦想的口袋里。于是，我给了它一个又一个礼物，每一个礼物里面都满怀着特有的深情和秘密，他时不时地和我在未知中行走，却也时不时地如我一般预见于未来。但不管怎样，我知道他的路会一直走下去，如若百年以后，我的灵魂能与他重新相遇，那么我会带着愉悦的心情绕到他身后，然后深情地对他说：‘你的路没错，朝前走，别往后看。’”

笔直的赛道，强大的内驱力，所有人都在自己的赛道上奋力奔跑，超越是他们心有不甘的壮志和雄心，他们总希望与他人竞技，在输赢的比较中见证属于自己的价值。而到了不惑之年，或许心中突然会有些不同的思虑，超越的快感在渐渐消散，而成功的意义也在这一刻重新定义，对于赵砚来说，此时的他心中早已不再有所谓的对手，他始终坚持着自己赛道的策略，并在自我角逐中游戏，正所谓：“心中无敌，便无敌于天下！”所谓的敌人，无非是内心对立所幻化出的内容，如若这个世界上真有什么对手，那本该就是自己。但就自己而言，他或许本不该以这种形式出现在他的意境里，因为他的皮囊、他的身体、他的灵魂、他的知己，本身就是一个完美的组合体。唯有他才能陪伴自己一生，唯有他才能陪伴自己在终了时闭上眼睛。他一边酝酿着自己仗剑天涯的梦境，一边带着和解的态度追逐自我，或许突然有一天，他会发现自己不过是个俗物，因为有了那份对自我至真的爱，所以行走出了属于自己的故事，此时他与自己的关系产生了微妙变化，他不再自我对立，而是秉持着一种包容的态度与之游戏，此时的赛道里早已没有了别人，空旷的场地里，畅想着他独自一人醉美的旋律，他知道人生走一遭实属不易，但令自己自豪的是，他最终做了自己喜欢的事，这个世界上并不是所有人都有这个运气成为最满意的自己，但至少现在，他觉得即便时光倒流，也不会回去。原因很简单：“我好不容易活到现在，好不容易看到了此时的自己，我好不容易在磨难中历练出了韧性，好不容易在无数选择中行出了坚定，如若这些好不容易都不容易，又为什么一定要回去，当下就是我最完整的存在，而后续的每一天，也无须多虑，完整地走下去就好，带着本有的念力和专属于自己的憧憬，一步一个脚印，朝着太阳升起的地方迈进。”其实人生就这么简单，有人想回去，有人想停滞在自己的梦里，但不管怎样，生命就是一场自我陪伴的旅程，那是一场自己与自己的约定，从蹒跚学步，到忠贞不渝，世界里多了谁不重要，重要的是只要初心还在，初心的那个我还在，他将伴随着自己，继续走很长的路，虽然不知道何时是终点，却着实地平和淡定，那本来就是自己。自己与自己，又有什么不能和解的呢？此时的赵砚，静静地凝视着窗外的世界，他在用自己的心陪伴着自己，尽管明天还会面对诸多挑战和风雨，但他从来不认为是别人的事儿，那是人生必将成就的经历，入梦也好，醒来也罢，反正不过是一份经历罢了。

苗大华：朝阳“怪才”，板材王者的涅槃新生

2017年的一天，温婉的阳光折射在朝阳市骨科病房苗大华的脸上，此时的他带着憨厚的微笑，正在床上显摆他大伤初愈的一双手，因为刚刚拆线，手背上宛若强行贴了一块补丁。妻子在一边心疼地说：“都成这样了，你还乐得起来，有啥好炫耀的？”“哎！造化大！能不乐吗？你看看这伤长的前一分后一分我都得是个残废，偏偏老天爷就把它降得那么严丝合缝，虽然给我盖了个章，但手却啥事儿没有。要我说，走这么一遭算不上什么祸患，而是老天爷给我送的一份厚礼，我的正心正德已经检验完毕，接下来的人生好事儿多着呢！”听了这话，妻子哭笑不得，说道：“苗大经理，你哪儿是经理？干脆当总理去吧，啥事儿总有你的道理，指黑说白全由你，我这辈子拿你这怪物是没什么办法了。”

就在前几天，苗大华去新落成的车间看机床，指挥工作的时候，无意识地用手抚摸了一下刚加工出来的板材，本想好好考察一下产品的质地，结果一不留神手掌就被转动的机器给吞了进去。大叫一声的他赶紧关上了开关，可此时的那只手已经惨不忍睹，于是大家赶紧把他送到医院，医生

看了看说：“想让手复原只有一个办法，就是从你肚皮上植块肉下来，这一清一植的功夫，肯定很疼，你受得了吗？”苗大华一听笑着说：“手没事儿我已经赚了，又有啥受不了的？该怎么来怎么来！”

要说这苗大华看上去一身朴素，憨厚的脸上好似读不出半点当总裁的架子，若不是他的雄才大略亲眼所见，谁会知道这个其貌不扬的人，竟然是行业里公认的“北方板材第一人”呢？他不仅是一个大家眼中的精明老板，还是一位实干家，更是对手眼中出奇制胜的游龙。因为平时好脾气，干活儿有力气，在他身上的外号数不胜数，什么“工作狂”“神老板”“都是浮云”，而令他最得意的称呼竟然是“朝阳怪物”。

苗大华原籍河北廊坊，不是富二代，也不是官二代，而是一个地地道道的农民，小时候的他聪明伶俐，是个好动的淘气包，古灵精怪，在家排行老三。初中的时候，正赶上改革开放，很多人下海经商，成为大家羡慕的个体万元户。这让年纪尚轻的苗大华很是向往，于是他决定弃学从商，也想学着别人的样子，在自己的人生中风光一把。

要说这也是决定人生的大事，怎么也得得到父母的批准，可苗大华早就顾不得那么多了，反正人生是自己的，自己想做得算数，于是秉持着这股天不怕地不怕的闯劲儿，他毅然决然地退了学，开始找同乡联络起自己的生意。苗大华回忆，当初他找到同乡的时候，对方觉得他就是一个弱不禁风的狂小子，根本不想带着他玩儿。但此时的苗大华却摆出了一脸诚意，变着法地讨对方欢心，最终同乡耐不住他的软磨硬泡，勉强同意，让苗大华从自己的库房进货，批发塑料，转手倒卖，先试试身手。就这样，苗大华从此开始了自己的“倒爷”生活，进货再转手，一段时间，他也将差价生意做得有声有色。等到 20 世纪 80 年代市场经济时代的时候，他已经积累了一笔小小的财富，因为经营有道，让利促销，他彻底摸清了这一进一出中蕴含的学问。1980 年的时候，就挣了七八万元，虽说这笔钱在今天看起来不算什么，那在当年的村子里，完全称得上是笔惊天巨款了，那也是苗大华在商海沉浮中赚到的第一桶金。

在成为别人眼中的大款后，年轻的苗大华，也有着自己年少轻狂的一面。他有生以来花出去的第一笔万元“巨款”，就是买了一辆全村人都羡慕的大摩托车。除了用它代步进货以外，心中最期待的就是带着心爱的人到外面去兜兜风。此时的他，早已有了心仪的对象，是和他从小一个村长大的青梅竹马，眼看苗大华发展得越来越好，在这样幸福与激情的感染下，姑娘终于被小伙儿的真诚打动，与他执手。他们结了婚，生了一男一女两个可爱的孩子，生活上相互扶持，事业上彼此鼓励，很快大房子有了，高级轿车有了，富裕的日子有了，用苗大华的话说：“当时的感觉，就好像古人诗中说的那样：‘春风得意马蹄疾，一日看尽长安花！’”

眼看生活过得顺风顺水，正值青春的苗大华怎肯就这么安于现状呢？下海创业，就是机会狩猎，想捕到更多的鱼，就要找到鱼最多的地方，生意之道不是开一个头就算了，而是要把握格局，要稳、要准，也要狠！

因为手中有大摩托这匹“快马”，苗大华总是开着它走村串户找商机，他在相隔十几公里的邻村发现了一个更好的项目，经过细致的调研他发现，做胶合板生意要比经营塑料的发展前景、技术含量和利润空间更大、更好。于是他当机立断，从此以后，他只做一件事，那就是做好这块“板子”，成为行业中首屈一指的“老板行”！他是这么说的，也是这么做的，从与板子结缘到今天几十年的光阴，它与这块板子的缘分还在继续着！

话说起来容易，但是从流通领域转为实体经济哪儿那么容易？可既然决定去做，不管遇到什么困难，也要将梦想落实到底。于是，积累的几十万小金库全花出去了，征地盖房，招兵买马，实业未见端倪，手里的钱先不够用了。成本核算下来还差十几万，那年头一万对一个家庭来说都是惊天的数字，到哪儿去找钱呢？

为这事儿，苗大华也是一脑门子官司，眼看梦想就要落空，关键时刻，两个曾经被他帮助过的万元户挺身而出解了他的燃眉之急。于是工厂建成了，正式开工的当年，就收回了三分之一投资，第三年收回了全部投资，五年时间，就还清了全部债务。眼看生意越做越大，苗大华对这两个贵人也是万分感激，可对方却说：“当年你富了以后，也没忘了乡里乡亲，谁有难处你都帮，那时候看你就跟看偶像一样，如今帮你感觉就在帮自己，你这个朋友我们是非交不可的。”

都说做生意容易有低谷，容易见小人，但苗大华却说：“经商这么久，我的世界里从来都只有贵人没有小人，人生的坎坷是历练，吃不了苦还能做成多大个事儿啊？道家说‘心中无敌便无敌于天下’，总想搞定对立，不如直接搞好自己。”

苗大华性格直爽，有一说一，大事不糊涂，小事不算计，有钱以后，经历的诱惑无数，但他心中却始终只有自己的板子。他说：“做什么事儿，都得从最熟悉的事儿做起，诱惑看上去是暴利，将你洗劫一空的时候，那也很暴力。想成事儿，就得稳健，踏实做好老本行，你的专业水准就是天下第一。有了这个第一，还怕钱不上门吗？”秉持这个理念，很快苗大华的企业就成为北方市场最大的刨花板企业。

每当谈论到经典的时候，苗大华都会侃侃而谈，于是有人对他说，你那么有见地，不深造实在是可惜了，现在的总裁，都特别爱学习，很多人都报了一线高效的 EMBA 总裁班，不如你也去听听课吧！听到这个消息，苗大华立即查阅网上信息了解一些课程内容后，他毫不犹豫就报了名。他对自己说：“学习这件事靠谱，和那么多总裁在一起学习更靠谱！”

2005 年，苗大华进入清华园成为 EMBA 总裁班的正式学员，在这里，他学到了很多经营的见地和理论知识，交到了很多知心的朋友。大家上课的时候，一起探讨，下课的时候亲密无间，这种感觉让他觉得充实而美好，就在那一刻，他决心要将学习计划落实到底，源源不断地利用课程深挖自我，并结合实际将所学到的东西在企业中躬身实践。

苗大华觉得，成事三分靠天，七分靠人，那些看似失败的事，很可能模式没有问题，所谓的失败也不过是事情在某个阶段的呈现。但倘若只以结果论英雄，那你就很难从中总结到自己的经验，不但问题没有根除，还很容易失去自信，如若是这样，你通往成功的路一定很辛苦。”苗大华说：“最好的成功捷径，就是认准一条路，努力迈开步，既不瞻前顾后，也不高估难度，所谓兵来将挡，水来土掩，所有问题都是插在机遇草船上的箭，与其对着箭指指点点，不如埋头苦干，把自己的东风先刮起来，这才是企业家最该有的风格。如果刚遇到点难处就愁眉不展，一副死去活来的样子，那眼前的路再美好，也是死路。”每当有人说：“做企业实在太苦了。”苗大华总是一脸不在乎的样子，按照他的理论：“大街上谁不辛苦，辛苦是好事儿，说明你有价值。每个人都在辛苦地为自己奋斗，你又凭什么非要晒你的辛苦？如若一个人觉得苦也是个事儿，那活着还有什么意思？”

苗大华就是这样一个敢想又敢干的人，只要他认准的事儿，说什么也要把它干成，再大的困难，即便撞了南墙也不回头。同学们看到他这股倔强劲儿开玩笑说：“你这么有能耐，敢不敢到关外试试身手？”“关外，什么关外，这里面有什么讲究吗？”苗大华问道。同学坏笑着说：“你没听说过这么一句话，叫‘投资难过山海关’吗？”苗大华一听，来了兴致，他觉得眼下东北正是一块需要企业家开垦的战略高地，眼下这么好的机会，怎么能说不过“关”就不过“关”了呢？别人不敢去的地方，苗大华就非得要去看看。

于是在各大一线高效课程班游历了十几年后，苗大华便踏上了自己的考察之路，他的第一站是锦州，进了经济开发区，他立马觉得这不是他向往的热土，眼看央企、外企、私企都已经在这里安家落户，如果自己想要挤到这个群里争利益，所能分到的羹实根本无法满足自己的雄心。于是他又把车往前开，一路向西来到了朝阳市，一看到“朝阳”两个字，苗大华的心中宛如生起了一轮火红的太阳，一进开发区，他看到入驻在这里的企业还很少，很多地皮还是荒地，看到这样的情景，他反而心潮澎湃起来，激动地喊道：“这才是我的英雄圣地，我苗大华的后半生，就在这里开疆拓土吧！”

进了朝阳市，苗大华便紧锣密鼓地了解当地的情况，与地方政府友好交流，说明自己的企业理想和建设计划。当地领导一听，激动得无以言表，对苗大华说：“开发区能够入驻您这样的企业，我们自然举双手赞成，倘若有什么需要，我们一定鼎力配合。”有了这根“定海神针”，苗大华便下定决心要在这里大刀阔斧地干一场。他瞒着家里，顶着压力，独自一人调遣千军万马在这片陌生的土地上二次创业，累了睡工棚，饿了就和工人们在工地一起吃大锅饭，丝毫没有老板的架子，这一干就是整整一年多。

眼看这么长时间过去了，丈夫像是失去了音信，电话里也总是遮遮掩掩，这时苗大华的妻子有些不放心了，于是她打来电话细问详情说：“老苗啊！咱俩这么多年的夫妻，有什么事儿，你可不能瞒我！”苗大华一看瞒不住了，便全盘说出实情，然后解释道：“别的没什么，就怕你担心。”听到这话，妻子的眼泪瞬间流下来，没过多久就带着儿子、儿媳、小孙子一起加入了苗大华的创业团队。苗大华的女儿也赶到工地和爸爸一起忙碌，就这样，一家人便在朝阳这个第二故乡正式安家落户，团聚在了一起。

此时的苗大华是个快六十岁的人了，早已不是当年那个浪荡小子，因为日日夜夜在工地干活，不但人消瘦了，头发也花白了。妻子说：“你看你一把年纪了，玩儿这命干吗？”苗大华却说：“你看这朝阳的雪花把我的头发都染白了，瑞雪兆丰年，看来后续这脑袋上的瑞雪要陪我一辈子了。”听到这话，妻子又气又好笑，于是拨弄着他的脑袋说：“从一开始，你就是个不要命的怪物，真拿你没办法！”

眼看厂房盖起，设备进场，经过安装调试，2016年苗大华的厂子正式投入生产，顺利实现当年投资当年收益，可谓创造了行业历史上从未有过的“朝阳速度”，他也因此成为当地人口口相传的传奇人物。眼看在朝阳立住了脚，他便组建了自己的新公司，取名为“华林智能科技有限公司”。苗大华在厂子旁边树立了一个巨大的牌子，醒目地标明——“北方最大智能家具，朝阳产业从此升起。”由此可见，这一回他是下了大决心。

苗大华企业生产的家具，最大的特点是“智能”和“环保”。他的企业生产家具，只取树枝，不伐树木，客户想要什么样的设计，只需要设计师画好图纸以后，在机器上设定程序，高端订制的优质家具，便翻着花样被一个个生产出来，那效果真让人叹为观止。就这样，优质的管理，先进的技术，再加上苗大华出奇制胜的经营策略，企业的订单如雪花般飞来，短短几年就成为整个北方板材企业的龙头老大。

眼看生意越做越平稳，苗大华在朝阳的第一个五年规划算是成功落地，他不仅成为这个产业屈指可数的纳税大户，还对整个朝阳集中性的发展做出了杰出贡献。因为全产业链符合国家政策安排，受到了当地政府的大力扶持，这时候苗大华感叹道："什么投资不过山海关，朝阳就是我的屯田罐，这条路不但走得对，还能把我的企业推向世界之最，我就是要让全世界的人知道，就在辽宁朝阳，有个'朝阳怪物'苗大华，他企业生产出来的产品，天下第一，他的全新运作模式，所向披靡！"

朝阳，一座年代悠远的千年古城，它有着"三燕古都""花鸟源头"等诸多美誉，传说世界上第一只鸟就是在这里飞起的，世界上第一朵花也是在这里开的。"眼看朝阳伴炊烟，冉冉升起兆丰年"，如今的苗大华，又带着他企业家的远见卓识，将目光看向了更远的地方，他说："朝阳是片神圣的土地，也是我的第二故乡，我要在这片热土上勾勒出企业最美的蓝图，将最美的阳光，照向神州大地，照到世间每一片灵魂希望的田野上。"

周文贵：用心做自己的“新疆第一窖”

说到营销，很多行内人有自己的看法，有人说营销是一种获得利润的手段，有人说营销是经营品牌的核心，有人说营销作为一个媒介让更多人知道自己，但身处当下这个时代，营销早已被赋予了更多内涵和意义，它将文化的权柄直指人心，从服务到概念，从格局到思想，无时无刻不在下意识地打动着消费者的灵魂，就此，一件商品不再仅仅是一个物件，而是翘动整个时代潮流的杠杆，拨动着他人的情怀、冲动和迫切得到的勇气。而在这一系列系统的变革里，企业家占据着举足轻重的位置，他协调着自己的觉知和对于时尚的定义，他用自己的直觉锁定着认知的机会，也用最稳健的步伐探索着一个又一个可行的模式，他希望将一切理性地稳固下来，带着一种超然的感觉，却足够将自己的决策撼动人心。他世界的格局，从来与眼前的时代有着千丝万缕的关系，当别人还在小打小闹的时候，他打造出了属于自己的帝国，当他人开始搭建平台的时候，他已经聚敛了高涨的人气，当别人开始四处寻找人脉的时候，他缔造了属于自己的企业文化，就此，他作为企业的形象成为铸就他整个时代的烙印，成为别人仰视的对象，也在商海沉浮中铸就了属于自己的传奇。

不可否认，企业家是一个领导者、决策者，也是整个战略的制定者，他是全盘的总设计师，也是一个立足于实践的创造者，一个企业能不能飞速发展，并非只与时代有关，而是与他们心中想要什么有关，在这件事上，不同的企业都有各自不同的灵魂，而这个灵魂的主导，始终诠释着他们对自我生命的理解，以及对于心中理想的真诚。

我国的酒文化历史悠久，底蕴悠长，它有着李太白飘飘欲仙的逍遥，也有着白居易醉梦衣衫湿的苦闷，在它的世界里，有快乐，有悲伤，有情调，也有失忆，它在岁月里，越积越陈，经过数道工序，最终完成了口中的那一缕飘香四溢。穿越时代的脉搏，将酒味的苍劲融入了新疆这片充满西域情怀的土地上，那浓厚的深情，承载了无数人的期许，化作了醇正的琼浆，渗透到了周文贵的人生境界里。

酒之道，仁为本，它从来都不是害人的东西，从一颗稻谷的梦境，到全然酣畅的沉浸，里面有太多动人的故事，也有着专属于酝酿者的学习功底。而周文贵，正是秉持着这种信念，在这片辽阔的土地上，洒下了自己酿酒的福音，他创造了属于自己的品牌，力争没有第二只有第一，他十年磨一剑潜心打造的被誉为“新疆第一窖”的酒业天堂，用他的整个生命酿造着琼浆一般的信仰。

人们都说新疆的秋季是最美的，层峦叠嶂，枫叶会展现出不同的层次，每一种颜色都有如巧夺天工，富有天地之间特有的神韵。2019 年 10

月，就在这里，就在这风景如画的新疆，渐入深秋的产粮大县，带着它古丝绸之路的悠远，拉开了一道全新的帷幕，打开了一道天赐之门，以文化做引，以美酒入味，烹煮出了一道恢宏的盛宴，在那天，“新疆暨古城第十三届储酒文化节”在彩旗飘飘的欢乐场景中，正式拉开了帷幕，在这里，舍去了烦恼的牵绊，忘却了生活的忧愁，全身心地只谈论一个关于酒的话题，这里品酒、论酒、储酒，所有的关于酒的内容与这里的人和风景融为一体，他们为此而沉醉，让琼浆的美意化作涟漪，他们渴望将这段时光不断延续，乃至于传承，在坚守的同时，锻造出专属于自己的惊喜。眼看人山人海，人头攒动，人们带着期许融进了酒的河流，从白天到下午，直到一切快散场的时候，那股残存的气息依旧意犹未尽。而此时，忙碌了一整天的周董事长正站在公司荣誉墙前，他凝视着眼前的奖杯和荣誉证书，过去的一切有如一幕循环电影，一个镜头接着一个镜头在脑海中闪现，带着他将自己的人生回味了一遍，正值中年的他，却带着深邃的目光，将更悠远的沉思看向了未来。从经年亏损倒闭的小厂，到后来发展成为自治区农业产业化重点龙头企业，多少风风雨雨，多少日日夜夜，谁没有在中间徘徊失措过，谁就理解不了什么才是成功的真谛所在。那种从鲜肉里长铠甲的感觉，并不好受，或许对于很多人来说，如果有更好的选择，绝不会采取这样的方式武装自己，但如若这样的自己能够活得更扎实更稳定，他周文贵也会义无反顾。当看淡了鲜花和掌声，穿过了非议指责的泥沼，蓦然回首，却发现人生所馈赠自己的从来都不是什么单项的质疑和恐惧，他在试图用一种方法历练一个人的灵魂，全心全意地将它武装成一个自己想要的样子。

周文贵的新疆第一窖古城酒业有限公司，地处我国西部边陲，有着独特的地理位置、气候条件及消费特点，尤其是在酒类消费市场上呈现出与其他省区不同的特点。在新疆，本地产白酒占绝对优势。在新疆市场上白酒消费排在前几位的均为本地产品牌，因此，本地产酒之间的竞争成了新疆酒市场的一大特点，包括产自伊犁的伊力系列、肖尔布拉克系列，产自奇台的古城系列，产自石河子的白杨、新安系列，产自吉木萨尔的三台系列等，这几大企业的产品占据了新疆白酒市场很大份额。如何提高市场占有率成了新疆各酒类生产企业关注的核心问题。该如何赢得市场，获得消费者的认同从而提高市场占有率？在激烈的市场竞争中，实战经验使更多商家认识到，价格仅仅是竞争手段之一，但竞争获胜的关键绝不仅仅是价格，竞争的焦点应更多集中于被消费市场认可的品质、口感、包装、品牌忠诚度及产品本身所蕴含的丰富文化内涵。新疆第一窖古城酒业有限公司位于天山北麓、准噶尔东南缘的奇台县。

据史料记载，明朝永乐初年，持节大臣陈诚所著的《西域番国志》中就有奇台一带“间食米面，稀有菜蔬，小酿酒醴”的记载。因此，新疆第一窖古城酒业有限公司是新疆白酒业和酒文化的发源地，一路走来，已经具有 600 多年的酿造历史。公司是一家集白酒、红酒、饮用纯净水生产销售、工业旅游、文化交流服务、绿色农产品开发为一体的民营企业，截至2019年，公司资产总额2.2亿元，注册资金3500万元，年生产能力达1.8万吨以上，有清、浓、酱、兼四大香型、五大系列产品。公司自创立以来，它传承民族酒典，以积极的心态策马扬鞭，肩负“酿造美酒，奉献社会，造福员工，贡献地方，百年古城，流芳百年”的企业使命，在“用智启动市场，用力拉动市场，用情激活市场，用品征服市场”的营销理念基础上，大力发扬“立德育人、学习创新、高效和谐、服务客户”的企业精神，严格遵守“提高科技含量，争创名优品牌，满足顾客需求是古城酒业人永恒的追求”的质量方针，以“打造新疆第一文化名酒”的理念创新和丰富企业文化，积极开拓白酒市场，酿造美酒，奉献社会。获得多项奖励和荣誉称号，成为新疆乃至全国白酒行业的知名企业。1984年成为新疆首家荣获国家商业部颁发的“银爵奖”的白酒企业。1993年被中华人民共和国原国内贸易部授予“中华老字号”企业。同年获得“中国优质白酒精品奖”。1996年成为新疆首家荣获“新疆第一宴酒”称号的白酒企业。2000年“精品古城老窖、精品古城特曲”双双荣获第二届国际酒文化节白酒类金奖。2001年成为新疆唯一一家荣获“新疆第一窖”称号的白酒企业。2002年公司顺利通过ISO 9001：2000版质量管理体系认证。2004年“中度浓香型白酒”被首届中国白酒科学技术大会授予优秀科技成果奖。2005年，国家旅游局正式授牌新疆第一窖古城酒业有限公司为国家级工业旅游示范点。2007年，新疆第一窖、古城老窖荣获中国历史文化名酒和中国文化名酒，公司被评为“中国酒文化百强单位”。2008年获“自治区农业产业化重点龙头企业”称号，2009 年荣获消费者最满意产品的白酒企业称号。2010 年“古窖池”被新疆维吾尔自治区人民政府列入“文物保护单位”，“古城窖酒酿造技艺”被自治区列为“非物质文化遗产”名录。2013 年，荣获“中国文化复兴名酒”称号。2014 年，公司获得“中国丝路文化酒类地标品牌”称号。2016 年，46° 古城淡雅（玉露）荣获“博胜杯”西北五省第七届白酒、葡萄酒技术研讨会暨产品质量评鉴会议“金奖”。2017 年，古城淡雅荣获中国国际酒业博览会“青酌奖”，公司荣获“执行绿色标准规范奖”。2018 年新疆第一窖（大印酒）和古城淡雅（玉露酒）在第 19 届比利时布鲁塞尔国际烈酒大奖赛中获两枚金奖。2019 年在中国千商大会上新疆第一窖、古城老窖荣获“中国特色名酒”。

取得这么多的丰功伟绩，周文贵却不是一个忘本的人。他，1964 年出生在甘肃一个平凡普通的家庭，因为父母工作调动，新疆便就此成为他人生历程中的第二故乡，他对这里的一草一木，都有着深厚的情感，尽管儿时的他与别人一样平淡无奇，生活过得并不宽裕，但这并不影响他具备一双勤劳的双手和充满智慧和灵感的脑袋，他学习刻苦，又特别上进，终于如愿以偿地走进了大学校门，由于表现突出，他得到了一个留校任教的机会，因为工作不忙碌，他便在闲暇时间一门心思地钻进了自己热爱的历史研究中，因为在这方面成绩突出，不久他就成为学校的历史教研室主任，任教期间，桃李满天下，成为学生们眼中标杆式的模范老师。这样的经历促使他在意识中对文化的概念有了更为深刻的理解，以至于后来创业，他也时常将精神文化的重要性，时时刻刻摆在了核心位置。他说：“不同的企业有不同的文化，而不同的人，也有属于自己的文化，这种文化通过信仰的模式渗透到精神的骨髓，化作一种特别的力量，成就了他们天资的本性。很多人觉得所谓文化无非就是知识的叠加，而实际并非如此，这个世界上有知识的人很多，但带着文化韵律经营生活的人实在是太少了。文化是一个人精神内在最宝贵的源泉，是它与生俱来与世界交织而成的本性诠释，而就一个企业而言也是一样，它有着属于自己的骨血，也有着属于自己的矜持，有着属于自己的脉络，也有着属于自己的表达。”

酒入了心，有千般滋味，而当一个人用文化的信仰贴近另一个灵魂时，他们就会本能地被这股韵律吸引，所谓心与心的共鸣，应该就是从那一刻开启的。所以没有文化的生命是空洞的，即便有钱，有地位，却始终是一个没有被填充物质内涵的灵魂。对企业而言最重要的就是灵魂，它需要精神的凝聚，需要原则的认同，需要思想的深刻，同时还要有说一不二的执行力，由此，它便从死物变得越发深邃灵动起来，它活生生地成为每个成员眼中不容亵渎的对象，有如一个朝气蓬勃的孩子，需要爱的浇灌，需要朝朝暮暮经营，需要历练，也需要成长，它需要时时时刻地精心培养，而对于在这里的所有人来说，它的苍劲，就是每个人心中共同的梦想，一个企业能够成就百年，从来不是单单靠业绩，而是对于文化信仰的情怀和忠诚，它直指人心，而人心才是这个世界上最难能可贵的东西。

从 1998 年上任至今，周文贵对新疆的白酒业展开了全面调研，经过系统而庞大的分析，他决定将自己的酒窖之梦定居在历史悠久的奇台县，之所以选择这里，主要取决于以下几个优势：首先，奇台县是一个历史悠久的文化古城，与酒文化的渊源可以追溯到汉代，由此可见，其文化根基是何等深厚；其次，奇台县是全国最重要的粮食生产县，这也意味着它有能力和资本为酿酒提供最天然的资源；再次，奇台县地处天山脚下，有着世间最清甜的甘露之水，这样的水对于酿酒来说，实在是一个难以拒绝的福祉；最后，奇台县得天独厚的地理位置，注定了它具有世间最清新的空气，最清透的阳光，在这个说大不大、说小不小的世界里，没有污染的存在，绿色生态如屏障般环绕着它灵动的存在，这正迎合了当下消费者对绿色生态的需求，在某种意义上，它开拓了一条专属于绿色的“星光大道”。周文贵决定用他的绿色理念抢占市场，用古城得天独厚的文化底蕴去酝酿企业不断蒸腾的未来。自此，遥远的西域丝绸之路，被一樽酒的芬芳唤醒，带着现代时尚的脉搏，与过去人对酒的追忆，交融成了一股特有的底蕴内涵。周文贵说：“既然已与酒结下了不解之缘，那就以文化酿酒，以酒为文化，有了这样的思路，不论做什么，身心都是恬静的。”六百年的风华岁月，六百年的文化古城，六百年的匠心酿造，六百年的风雨飘摇，一坛好酒想要经得起推敲，除了用灵魂去经营，还要开启经营的智慧，周文贵将自己的战略定位在文化上，因为他知道想要将酒这件事做到极致，就要在极致中酝酿思想，或许对于一个人来说，拿到它的时候，不过是饮中一瞬，但如若这种接近，能够联结感动，那么不论是春光明媚，还是寒冬腊月，四季轮回间，怎么品，心中都有一丝割舍不下的温情。而这从来不是某一物、某一场景能够轻松搞定的，它作为一种精神的信仰长存于世，化作永恒的力量，屹立不倒。即便有一天自己永远地闭上了眼睛，那种酒香的弥漫，依旧在这个世间，陈酿着无尽的感动和美好。

自此，酒文化带着周文贵的梦想，融入了新疆这片土地，新疆酒文化从他的第一窖中崛起，从一个点，到一个面，六百年的延展，生命的写照伴着有历史光圈的影子，汇聚成了一片富足的森林。老厂必有老树，老厂里能找到一辈子都在与老树打交道的人，老厂是坛好酒，足够让所有人入梦同眠，老厂经过改造，将会满怀新生儿的憧憬，带着故人的微笑，回眸间依旧闪动着曾经的醉意。看着门前那几十棵老榆树，周文贵可谓是感慨良多，它们无声地见证了这里的兴衰、崛起，见证了酿酒的奇迹，也见证了这里每一个人的悲欢离合。他闻着那六百多年前的酒香，抚摸着不同年代的1000多个储酒缸，心中回荡着："西口外，古城酒，仙人见了不想走，古丝道，酒驼走，醉倒关山于隘口……"此时一股微妙的情感在他的内心世界激荡开来，想那"千峰骆驼走奇台，百辆大车滚滚来，万里丝路酒飘香，一杯古城醉开怀"的盛景；听着纪晓岚先生"十里闻酒香，无须问牧童"和

“玉露流芳天山醉，琼浆凝翠丝路香”的经典名句；听着王洛宾先生喝着古城大曲，流传千古的新疆民歌；听着赵国柱、高建新给古城酒说的新疆杂话、新疆相声；听着夏米力、王民政作词作曲并演唱的《请你喝杯古城酒》《我们古城人》等十一首歌；看着高峰导演的《骆驼客》箭在弦里我只喝古城酒的画面，我内心真有“明月出天山，苍茫云海间，黄河之水天上来，奔流到海不复还，长风破浪会有时，直挂云帆济沧海”的感觉、感动、骄傲和自豪。

树还在那里摇曳着，它宛若一种时间轮轴下固有的停留，它用它的方式，陪伴着酒的芬芳，陪伴着酿酒人的梦想，不辜负过去时光的悠长，亦不会错过新时代的剑拔弩张，灵魂的交织，对于它来说，不过是阳光普照下的日日夜夜，而当它成为参天茂盛的时候，却忘记做了生命的过往。它从六百年前穿越到了六百年后，明明已是几个世纪的光景，却宛若只如初见，无数人的影子和梦，在它无声的脑海中穿梭荡漾，然后一点点地没了踪影。而就在当下，有这样一个不惑之年的男子，竟然在对着它深情地凝望，它知道他渴望与自己交流，却只能饱含深情地用阳光折射下来的影子向他致敬，或许此时的它，早已猜出了他的心思，在轮回中，成为一个与自己缔造缘分的男子，他与它都毫不犹豫地选择了这块土地，只不过他的心中想的是创造，而它的世界中唯有凝视罢了。

记得有经典的大树理论讲：要想成为一棵大树必须具备以下条件，一要有时间的积累和延伸，给岁月刻画着年轮，一圈圈往外长；二是必须不动，经风霜、历雨雪，“任你风吹雨打，我自岿然不动”，最终成就大树；三是必须有根基，树有千百万条根，粗根、细根、微根，根根扎入大地，忙碌而不停地汲取营养，成长自己，基业长青；四是必须向上长，长好主干。长粗长高，再长旁叉细枝，争取更大的成长空间；五是必须面向阳光，冲破黑暗，争取更多的阳光沐浴，滋润自己，茁壮成长。树从来不会选择它的出生地，高崖、沃土、石林、野地……

周文贵知道，自己的“新疆第一窖”“古城老窖”，就如一颗神奇的种子，洒向了那片让他心驰神往的热土，它在那里生根、发芽，直到长成参天大树，它享受着阳光、雨露，一边寻觅着安全感，一边静静地向上生长，它起初心中并没有森林，但它知道，只要它不断地生长，身边那美好的一切是注定的，或许冥冥之中，它有着属于自己的执着，它渴望触碰到蓝天，渴望根植于深沉的大地，它渴望眼前的世界是围着自己转的，但当它闭上眼睛，内在的气息便一点点地蒸腾出来，原来这才是自己，保留纯粹亦足够真实的生命。其实酒的制作也是如此，精挑细选的谷子，经过一道道工序，蒸腾、发酵，一步步地在验证着自己的生命，直到精华被提取，成为人口中最纯正的养分，或许在瞬间，它给他的追忆成为永恒，或许转过头来依旧意犹未尽，而在这细细品味中，它从来不仅仅是一种感觉，它内涵中夹杂着一种叫作文化的东西，以至于每每看到它，就会将它所有的故事记起，就此它成为它全部故事的代言者，以至于不管走到哪里，只要看到就会顺势拿起，所谓的割舍不下，从来不是一个物品，而是物品以外的情怀、记忆，以及更为深邃的东西。人是一个情感的组合，更多时候感性多于理性，心中没有文化的人，只能把自己活成一张照片，看不出他的喜怒哀乐，而当文化的灵魂，注入对方的心绪里，就会慢慢产生一种共鸣，他终于下意识地走进了酒香的世界，与思想共振，与灵魂共鸣。而这就是这个世界最美好的相遇，也是酒带给人们最真挚的馈赠。

周文贵伴随着一坛好酒，将自己的人生渲染到了色彩斑斓的梦里，在梦里他可以仗剑天涯，举目繁华；他可以，一杯浊酒，了却忧愁；他可以，把酒言欢，笑看沧海；他也可以独饮一杯望尽天涯路。但好酒不管怎么品，都是好酒，因为做它的人足够专注，品它的人足够用心，不管是在深埋的巷子里，还是庭院的酒桌前，不管眼前的世界是怎样绮丽幻化，不管此时的心境是平淡还是悲喜，人头攒动间，总有那么一股久别的温情，它自然地流转于世间的每一次偶遇，无论是在斗争中，还是在惬意里，当然这一切与它相关，却又与它没什么联系，不管怎样，每当想到自己的杰作成为别人生活中的必需品，那种内在的成就感，就足够让他酣畅淋漓。这个世界有它的一定之规，所有人都会在弱者与强者之间做出选择，而对一个不甘平庸的人来说，内在的富足，才能将更多的世界开启，这就好比眼前这棵参天大树，不知心中存续了多少轮回的梦想，才一点点地步入更高的格局，它所看到的世界，小树看不到，它所历经的风雨，都是它必经的阅历，或许生命真正的成就，无非就是一种“选择”和“经历”，每个人经历它的态度不同，但站在某一格局的角度来说，机会都是等同的。周文贵说：“感谢上天给了他一双灵动的眼睛，让他有机会借助一棵树，看清了他自己。”这种人与树的情怀，会伴随着内心的游思和灵气，一步步地朝着更远的方向前行，那里不一定有诗，但绝对有远方，只要有日月的陪伴，一直向前奔跑，即便偶然经历了漫漫长夜，也总会有光的循序。生命中所有的期许，从来不是怨天尤人铸就的，若问到助力，那就将所有的过去塞到影子里，用心中的太阳照射它，然后面对那个与自己如影随形的黑色，坦然一笑，心怀感激，无论何时凝望，都可以宛然一笑，说一声：“好久不见！”

刘全和：成就理想的教育之路

都说天上的每一颗星都是一个未知的宇宙，在这个宇宙中随时可能发生各种事情，在无数联结起来的故事中，星星与星星之间，用最璀璨的能量联结，它们将动人的光辉，汇聚成一条闪亮的长河，环绕着内心的憧憬、理想和无限的想象力。对于一个企业来说，作为整个星河的中心，它是一个文化精神的载体，也是运营自身强大愿景的灵魂所在，它四周散发着无限的生机和创造力，面对未知和已知，面对困惑与求索，总之，对于前往的路，它从未想过离去，每当夜幕降临的时候，它就会从明亮中苏醒，然后看着那些环绕于周遭的永恒，绽放出久违的笑容。于是，它带着皎洁的内心，走上了一条自我建设之路，它努力地完善着自己的内在工程，然后朝更远的地方，发出自己强大的声音，或许起初这种状态让自己觉得很吃力，但是，当这种能量源源不断地形成鼓励，在内心的世界中凝聚积累，直到充斥于整个生命，那些挤压在深层次的阴暗，就会被另一种乾坤照亮，于是它开始无死角地接受自己，然后自主地清理掉那些灵魂中残存的碎片，这种清扫的过程越来越轻松，越来越果断，既富有活力，又无比快意。破茧成蝶的诗句，在光亮中成为动人的和弦，平息着过去的忧伤，喜悦着未来的憧憬，而就当下而言，它是何等的平和与瑰丽，当往事依依过去时，它平心静气，而当记忆反转时它也无忧悲喜，而对于后续的路，它的眼睛永远看着前方，即便那不是一条笔直的路，却也足够让心兴奋无比，毫无疑问，星河就是这样一条充满奇遇的道路，所有的未知夹杂其中，但只要有光，就从未交织于黑暗，于是有一天，它终于放心了，既然无尽的黑暗自己都毫不畏惧，又怎会害怕白天？昼夜轮转间，梦想铸就永恒，生命随处可见闪亮的光影，而自己，就是光影中不朽的传奇，这个世界是什么样子，本与我无关，但我把它想象成什么样子，也全都凭我自己。人生的格局，从来都不是别人打造的，从肉里长铠甲是自己选的，铠甲也可以散发出玫瑰花的香气，而对于外界的一切，可以强硬，也可以温柔，但那个角色的扮演，始终都归属于自己。

就这样，一个企业，一个企业的灵魂，在上下求索间，赤诚地展开了属于自己的游戏，它们跨越了自己生命的脉搏，探索着一场爱的旅程。它们从心开始，无限地散发出难能可贵的魄力，用自己强大的信念，给更多的星河带来希望和期许，它们一步步地点燃了小星星的火把，开始让它们随着自己发光，渐渐成为天上最璀璨的那一颗，尽管对于它们来说，或许此时的人生，才仅仅迈了一小步，但是不要着急，星星的恒久之光，也需要循序渐进，但不管怎样，总有一件事值得庆幸，那就是在那段看似阴暗的日子，总有那么一盏灯，在不远处为自己守候着。

人们常说知识基础决定上层建筑，一个人的格局，往往是从他的认知开始的，当他对自己的认知有了分辨，当他对于眼前的世界有了自己的认识，他的言行乃至内在的思想，就会跟着悄然发生变化。但不管怎样，人的内在世界，不可能永远一片空白，所有生命赋予的元素，往往都是由自己的选择填满的，所有星星的闪亮，从来都不是灵性任意的拼接，它之所以如钻石般璀璨，是因为它经历了恒久的韧性和磨砺，人生中所有的经历，便是一把锋利的雕刻刀，一再地削减着生命中不必要的东西，磨砺着矜持的心志，抛光着绚烂的情绪，直到将那个叫理想的东西，渲染到极致，那个在夜光下都楚楚动人的情怀，变成了一颗心，一个灵魂最美的诠释。

刘全和，一个地地道道的农村汉子，当年的他过早地经历了生活艰辛的磨砺，想要读书的时候，却没能受到理想的教育，但那个不甘平凡的灵魂，促使他不断求索奋斗，终于寻觅到了一条发家致富的道路。在那些艰辛的日程里，他打过工，搞过建筑，经历过商场沉浮，赢得了财富自由。事业做得风生水起，他却一改常态，对自己说：“现在我要回去，回到那个当年儿时的梦境，成为那里孩子的希望，从此踏入一条铸就灵魂，成就理想的教育之路。”很多人不解，对他说：“老刘啊，你是不是疯了？好好的生意不做，回去搞什么教育，要知道这么一搞，说不定就是个无底洞啊！建设一所学校不难，但维护一所学校那可太不容易了，如果这样的雷埋了不止一颗，你能吃得消吗？”听了这话，刘全和笑笑说：“无底洞里，就没有金银财宝了吗？石油、煤矿那都是软黄金，不都是从无底洞里挖出来的吗？我就不信，我老刘想做的事情，到头来能混个什么都没有，再说什么都没有又怎么了，至少我收获了一份善心，内心的纯净是一个人灵魂深处最赤诚的安宁，我来的时候，两手空空，走的时候也是如此，但让我觉得庆幸的是，回望来时的路，我的生命里，满载着一团星辉，那星星之火的幼小希望，因为我的坚持得到了满足，他们早晚有一天会长大，成为这个时代的栋梁，或许他们的一生之中将会经历很多事情，但他们不会忘记，在那教育的初始，有一个叫刘全和的人，曾经以诚恳的形象出现在他们的世界里。那是一种怎样的感动啊，也许人生早晚要经历生死，却会让天地见证彼此的感激，爱与坚持其实就是从这一刻紧密联结起来的，或许有一天，他们会忘记很多在学校里发生的事情，但他们永远不会拒绝爱和爱别人的能力，他们会将这份能力源源不断地延续下去，呈现燎原之势，铸就星河中更多的闪亮。”

其实初出茅庐的刘全和对于未来也是很迷茫的，眼看自己的学历不占优势，也没有丰厚的家底，他不知道自己适合干什么，但他是个有脾气、有性格的人，不甘平庸的心促使他调动了自己全部的智慧去寻找一条属于自己的路。于是他涉足了建筑行业，并成为这一领域的佼佼者，在别人还在仰视万元户的时候，他已经淘到了生命中的第一桶金，而且相比于一般的万元户，他已经有了上千万的家底。细细想来，当时的上千万可跟现在的上千万不一样，拿在手里沉甸甸的，宛若如今上亿的概念。但是这位农民出身的子弟没有挥霍人生，他回想起自己当年的来时路，总觉得有一种书到用时方恨少的失意，他想如若当年能有一个好的学习环境，如若能够把自己心爱的课本念完，如若能够真正用丰厚的知识武装大脑，现在的自己又该是一个什么样子呢？如若自己的成功沾些运气，那些需要更精华教育的孩子是否会因自己多一个机会？如若这个机会的赋予者是自己，那种成就感是否能够收获更热烈的满足？如若将这种满足作用于企业，那又将铸就怎样的企业文化？

想到这里，他决定兴办教育，可教育毕竟跟自己的专长存在出入，想要办好，就要找到专业人才才可以。于是他开始寻觅自己心仪的那匹千里马，在心中描绘着如果那个人真的出现，又将制造出怎样的光环效应；我们的搭档是否合拍？他又将灌输给教育怎样的一流思想？他需要有扎实的功底、丰厚的阅历，他需要知道自己的理想见地，也忠实于心中最至真的憧憬。可想找到这样一个人谈何容易？阅人有术容易，阅后得到那实在太难了。人海茫茫，这个人到底在哪里，刘全和在寻觅中平心静气，他时刻等待着那个能够与他并肩战斗的知音，他从未因此而焦虑，只是觉得遇见他只是时间早晚的问题。

其实，谈到从事教育的初衷，那还要从刘全和早年的一段经历说起，当年搞建筑的时候，他确实赚了很多钱，但童年固有的回忆，却总是时不时地撩动刘全和的心弦，当时家里穷，父亲很早就离开了人世，母亲寡居拉扯着三个孩子可谓步履艰辛。当时在他们县里有一所师范学校，学校里有一个性格慈祥的老校长，看到这样一个志在四方的年轻人，老校长十分喜欢，于是就把学校的建筑工程交付到了他手里，当这份信任交付到刘全和手里的时候，他突然感觉到了手中那沉甸甸的分量，于是他一丝不苟、兢兢业业地优化着建筑的每一个细节，严把质量关，硬是将工程做到了无可挑剔，看着老校长勘察时满意的神情，他心中那块悬着的大石头终于落了地。尽管后来刘全和承揽了很多工程，但这份信任的馈赠，始终留在心底。他开始意识到教育在一个人生命中的重要地位，它可能是无声的，也可能仅仅是一个细微的行动，它包含着人间至真的大爱，同时深埋在每一个受益者的灵魂里，也许若干年以后，很多记忆都随风而去，只要心中还秉持着当年某某的一句深刻教诲，只要这句教诲哺育了内心世界的一片森林，每一枚叶子的生命都会因它的普照而映入光辉，焕发出强大的生命力。它象征着更美好灵魂的驱动力，在爱的修缮中尽善尽美，滋养着心的河流，深埋在有担当的土壤里。刘全和感谢这位老校长带给他灵魂的美好积淀，以至于若干年后，无论生意做得如何，他都与自己的员工肝胆相照，即便在资金紧张的情况下，也没有拖延过一次工资。这在某种程度上，也让刘全和得到了大家的拥护和爱戴，他们说："虽然刘总是一个有脾气的人，但论到责任和担当，那自然是没有二话，他对待工作勤勤恳恳，对事不对人，所以跟他在一起工作，是很简单痛快的，你不用跟他说拐弯抹角的话，只需要直接提出自己的想法，面对我们的意见，他会深思熟虑，最后给出自己的答案。不可否认，老板都有属于自己的执念，但他的执念也是善念，是我们所有人都能理解的，所以对于这样一位领导，怎么看，都是个不错的老板，跟他一起做事业，从来不会担心自己吃亏。"

有一次，刘全和接受采访时说："其实论工程，我心中最满意的作品，就是我盖的第一所私立学校。那是一所集设计与灵感为一身的学业天堂，我知道这里将凝聚莘莘学子的期许与希望，为了让他们能在这里开心受益，精雕细琢这件事，一定是不遗余力的。”

在当年，私立学校还是一个全新的概念，因为国家的分数线就摆在那里，考得好，考不好，都是千军万马过独木桥，但作为父母，每位家长都希望自己的孩子能够受到最好的教育。俗话说得好，知识改变命运，好的教育，意味着好的机会，好的机会就意味着好的未来。于是那些没有考上公立学校的少年们，便在父母的安排下进入了私立学校，这里有更好的教学环境，更好的师资力量，这里可以锻炼他们强健的体魄，可以成就他们未知的梦想，总而言之，因为有了这样的学校，他们的人生也因此有了一个新的选择，虽然学费高了点，但对于一个渴望接受完美教育的家庭来说，考试虽然失利，但教育不能失利，起跑线总要跟好学校比出个高低，如果花费更多的钱，能够让自己的孩子受到比公立学校还要好的教育，那对于一些高收入家庭而言，钱的问题就算不上难题了。于是刘全和抓住了两季，在自己的县市圈了200亩地，就此万丈高楼平地起，他心中的梦幻天堂终于启动了，一个高中一份事业，而所要投入的资本，更是空前绝后，别人想都不敢想的事，刘全和硬是拿出了三个亿的资本去干，因为他知道自己耕种的不仅仅是手中的金币，还有明天在这里入学孩子们的未来。于是，这里有了全新的教学楼，一流的运动场地，游泳池的水异常清澈，多媒体教室更是达到了国际一流水平。经过周密的建设，200 亩荒地就此焕然一新，这里成为一个全新的赛道，成就着学子们的畅想与希望，在全新的标杆下，重新启航，他们放下了当年的得意与失意，在一个全新美好的空间中，接受着高质量教育，他们因此有了更多的选择，无论是内在还是外在，无论跨越到世界的哪个地域，在这种自由而充实的环境中，他们必将对自己的人生有一个全新的认识。

学校盖好了，校长到底选谁又是一个难题。众里寻他千百度，回首天涯，那人就在星河至高处，这个世界引领千军万马的有，能够点亮星空的人却不多，但让刘全和欣喜的是，这个人自己竟然找到了。这位校长，风度翩翩，书生意气，从容淡定，平和的心境，丰厚的阅历，谈吐间散发着一种特有的儒雅气质，刘全和初次见到他，就被他身上散发的气质所吸引，他们相谈甚欢，虽算不上高山流水的知己，却足以让刘全和相信自己有了一双伯乐的眼睛，他们谈及了教育，谈及了未来的发展规划和理想，忽然觉得彼此之间的见地和蓝图在这种互动的流转中紧密地联结在了一起，这让他们兴奋，也足以产生共情，他们开始一同讨论下一个发展步骤，然后一步步向前推进，于是刘全和拍着大腿说："老弟啊，就你了，你来当校长，我找了那么长时间，好不容易找到了一个合适的人，你可千万不要拒绝我。"而这位校长，不辱使命，在后续的教育推演上证明了他的实力和价值，从来没有让刘全和操过一点心。用刘全和的话说："我们都是有情怀的人，用财富做事，钱没有感情，但用情怀做事，对眼前的一切，永远一往情深，因为那里夹杂了太多心绪的内容，不是三言两语就能说明白的。人得知己千杯少，若是饮了千杯能换一个知己，倒也不是什么难题了。可惜有人喝了大半辈子，也没遇到一个了解他的人，但好在我与他因为事业走到了一起。现在我们是朋友，毫无隔阂的战略伙伴，我们对自己的蓝图满怀深情，我们对自己的工作孜孜不倦，我们为理想鞠躬尽瘁，我们对选择无怨无悔，秉持着这个信念，我们相信未来一定会走得越来越好。联手的默契，无须过多语言，因为所有的话，都已经放在了心里。"

如今的刘全和已近不惑之年，事业成功，家庭和睦。大家都说他是一个很有野心的人，但谈到未来老年的理想，他总是嫣然一笑："其实我只是个普通人，只不过抓住时代浪潮的尾巴，才有了当下的成绩，时光岁月催人老，但我肯定不想回去。我好不容易才活到这里，尽管眼角有了树一般年轮，但这并不影响我体验生命全轴的过程，其实有时候我也想要跟过去的自己聊聊天，问问他那时候自己所内蕴的心情，但人每时每刻都是活在当下的，就算真的有时光机，那又能怎样呢？眼下最大的理想就是将自己的教育梦坚持到底，等到垂暮之年，至少还可以对孙子讲讲自己盖房子的经历，爷爷盖了很多很多学校，那里有很多很多学生，他们未来会成为这个时代一片片绿油油的森林，永远焕发着生机和活力，也许那个时候啊，你也会成为洪流中的一个，带着纯真浪漫的理想，带着少年般风华的勇气，乘风破浪，笑看沧海，如果爷爷真能看到那天，小家伙，我只告诉你一句话，向前走，别记得那么多过去，你身上已经包含了所有完美的骨血和特质，时间是最好的磨砺，尽管生命的年轮会一圈一圈地变成阅历，但不要害怕，因为那颗心的力量，你做什么都有你的道理……”

陈长富：地“标”突围，做客户眼中的放心企业

大浪淘沙，多少风韵故事，宛若过去尘风自西而来，渲染了时光的印记，卷洒在江苏沭阳这座历史悠久的古县里，听说在西汉时此县便已存在，到了北周就有沭阳这个名字。沭阳椒淮海戏的故乡，也是工鼓锣等国省非物质文化遗产的集聚地，这里风景独特，自然风光宜人，有着苏北特有的文化景致，此外，它还是花卉的醉意天堂，有着属于自己成规模的花卉市场，以至于谈到花，世界闭上眼睛都会想到沭阳这个地方。

陈长富，土生土长的苏北人，虽然出生在这片富有传奇色彩的土地上，但起初他的生活却一点都不传奇。普普通通的农民家庭，普普通通的农村生活，普普通通的穿着，其貌不扬的相貌，他说起初的自己，脑海中并没有太多憧憬，每天望着蓝天，和身边的人们日出而作日落而息，他每天上完学，顾不上写作业就要帮助父母下地干活，然后拖着劳累的身体回家，坐在门口，呆呆地看着星空，心想眼前的星辰如此明亮浩瀚，究竟何时能够找到一个属于自己的位置呢？

就这样从小到大，从少年到青年，他的人生始终和别人没什么差别，直到有一天，命运的节点，带着一份家庭的使命感，第一次光临他的世界，父母问他，你是继续上学还是去打工？他独自一人想了三天三夜，最终得出一个答案："上学这件事，其实并没有那么重要，虽然说人生最重要的是学习，但只要学到自己想学的就好。知识有知识的大学，社会有社会的大学，遇到的每一个人，每一段经历，都必然教会自己很多东西，如果这个时候一味地拘泥于眼前的教育，恐怕对于人生也未必是一个最佳选择。如果是这样，不妨走出去多看看世界吧！感受一下外面的风，换一个角度聆听世界，或许就会有一番与众不同的体验。"于是他鼓起勇气，告诉父母他的答案："我想打工，看看外面的世界，虽然我只有十七岁，但或许这是个不错的开始。"于是父母相视而笑，他们没有反对，但也没有刻意支持，只是说："路是你选的，你自己决定就好。”

于是陈长富初中辍学，融入了社会浪潮，成为一个从沭阳走出来的打工少年，起初他也不知道自己适合干什么，但秉持着一种寻找职业的信念，他在乡镇的木制品工厂找到了自己的第一份稳定的工作。那时候的他不过是厂里一名普通得不能再普通的员工，但偏偏这个小伙子，特别有眼力见，他在厂里不断学习，从来不吝惜自己的力气，他一边跟身边的师父学习，一边不断地积累经验，最终一路升级，从普通员工升级到了车间员工，又从车间员工成功地蜕变成一名出色的销售员。这样的跨越式成长，对于现代人来说好像算不了什么，但在那个时代，也可以算是超越式的晋级和飞跃了。陈长富说："其实我挺回味那段生活的，比如那段在车间的日子，生活的每一天都让理想越发地深刻起来。我还记得当时我们的产品主要出口日本，日本对于产品要求是相当苛刻而精致的，因为苛刻所以精致，因为要求所以纯正，做事如此，做人也是如此，那时候的陈长富尚未了解什么是现代人所说的'工匠精神'，却下意识地将'精致理念'渗透灵魂，他说他很感谢那段经历的锻造和打磨，让他构建了自己内心的'完美主义'，而这种内在的完美要求，在尽善尽美中不断升级，成为陪伴我整个人生的坚持和信仰。直到现在，回眸往事，想到当年的车间生活依旧历历在目，它或许早就如一枚勋章，深深地印刻在了我的脑海里、精神里，它是一种莫名真切的情感，有如一腔热血，在每一条血管中奔腾流转。”

陈长富说：“商品看起来仅仅是一种用来交换的产品，但只要走上出口这条路，它的背后就多了一面旗帜，上面是鲜红的颜色，五颗星就是蕴含其中最真挚的灵魂，我们是在为自己的祖国做事，产品的使命任重而道远，我们需要让外国人看到我们自己对待产品的真诚，需要让他们看到中国商品的极致与精神，即便一个小得不能再小的物件，只要走出了国门，那就代表了所有中国人的面子。倘若这时候丢了脸，不仅仅丢的是自己的，这看似一件小事，但时间长了就不再仅仅是一件小事了。想要赢得外国人的青睐，想让自己在商业谈判上有底气，想让所有人听到自己的招牌就举头仰视，那么从现在开始，从手边的一切小事开始，从最基本的小事开始，每一个细节流程都是不能忽视的，天下工作无大小，只要是工作就有它重要的地方，就需要有信仰的支撑，否则，工作的灵魂在哪儿，没有灵魂的工作还谈得上是工作吗？”

市场是充斥着机遇的市场，也是无硝烟的战场，这里是竞争激烈的红海，沸腾着各色欲望、恐惧、骄傲和沦落。于是有人说，想成就一个人吗？把他扔进红海，他会成为一个斗争下的佼佼者。想要毁掉一个人吗？把他扔进商业，他会成为欲念毁容下的沦丧者。

每天都有大批量的机遇，同时每天都有人要面对无可挽回的失败。作为销售员陈长富深刻地知道，作为供应商的一方，其使命就是向下游的客户输送产品，客户对产品的要求越高，越严格，就意味着市场已经面临供大于求的状况，这时候但凡一个厂家，谁都想在这个快要失衡的大蛋糕上再割几块归属于自己，谁都希望有更大规模的订单向自己抛出橄榄枝。可蛋糕凭什么给你，订单又为什么只送到你手里呢？谈到这个理由，不得不先说到品质，产品不达标，一切都是枉然，所以严把质量关，产品做好了，口碑效应就有了，而产品成熟以后，作为供应商的自己才能在百花齐放的市场经济中占据属于自己的一片天地，成为行业里的佼佼者，成为整个主流行业驱使的核心灵魂。这一点在后续陈长富的主流经济运营中起到了相当重要的作用，以至于1993年，当他的企业成为行业中的佼佼者时，那种对于精致的执着始终浸润在品牌文化当中，成为一条永不磨灭的铁律，鞭策着每一位员工的精进心志里。

陈长富说下海经商这么久，心中始终存续着一个挥之不去的动作，还记得当时他们的产品主要供应烟台、山东、青岛造纸厂的包装箱。为了严把质量关，陈长富身边经常带着一个助理，左手拿锤子，右边抓一把钉子，一个包装箱接着一个包装箱检验。当时的包装箱和现在的概念完全不同，全部都是人工装卸的，卸的时候因为箱子笨重且高大，很容易被摔坏。所以只要遇到这种情况，他和助理就会拿起手里的锤子和钉子一个个地进行修补，虽然看起来这个小细节显得很麻烦，但凭借这一点，陈长富赢得了下游工厂的好感，所有厂家都争相为这位陈总点赞，圈里圈外都对他的敬业精神给予了高度肯定和好评。原因很简单，这不过是一个小细节，但能够这样做的人实在是太少了，这也为陈长富赢得了比竞争对手更丰厚的大批量的巨额订单，成为他日后经营规模持续扩大的核心资本。

回首往事，多少企业的兴衰历程，一茶一饮间，如浮云般在脑海中一闪而过。他们曾经也有梦想，步入过兴盛，他们曾经也坚持过自己的坚持，努力着自己的努力，他们曾经走过对的路，也走过不少弯路，而当他们重新面对自身对错的时候，恍然间光阴已逝，不复从前。但不得不说，这些教给了他很多东西，让他深刻地领会了人生，也深刻地明白了什么是自己该做的，什么是自己不该做的，自己的生命成本到底是什么，资本又是什么。

陈长富说，起初自己在县级厂家工作的时候，主要的订购方是日本，而当时还是计划经济，外贸公司都是国有的，尽管就体制而言，并不能促进一个时代的发展，但陈长富还是从中学到了很多东西，包括一件产品的工艺、品质，再到整个企业经营的运作理念。他每天除了工作，就是进行深邃的思考，每天都少不了问自己几个为什么："如果这件事换作是我，我又应该怎样对待呢？"他将自己的思想汇聚成智慧的洪流，融入自己的工作中，镌刻在自己的笔记里。直到后来，工厂倒闭，很多人都下岗失业，唯独他掏出所有家底，开办了自己的小厂，正式成为当时时代渲染下白手起家的勇敢创业者。很快事业发展蒸蒸日上，以至于现在的陈长富在定制家具、家具板的系统产品中有了很高的建树，他的品牌成为历经32年不倒的常青松，他的企业产品和商业模式不断升级，从最早的包装箱、半成品，到今天完美的家具杰作。每一步历程，都一步一个脚印地落在了自己的生命中，行走在了彩蝶般的梦境里。他注册了自己的商标，成为本土企业中第一个拥有自己商标的企业，说到这段，陈长富还有一段不为人知的小故事。

故事要从1996年的一个创意式想法说起，当时陈长富的企业开始做家具板，从企业的产品品质来说，陈长富早已成竹在胸，他始终坚信，自己的产品品质，经得起整个时代的考验，稳扎稳打的产品质量，外加坚实的品质基础，已经作为积淀，承载了他不断向上攀岩的梦想。可那时候，国家对房改的政策还不明确，所以他的产品主要销售渠道只有上海、江苏和浙江。陈长富说："当时我们的经营方式，就是每个地级市会授权一家品牌代理，上海我们也授权了几家，时间大概在1997年，上海的一个客户给我打电话，说我不讲信用。这对我来说既意外又突然，于是问到底是怎么回事，对方的答复是：'你说这个地区只授权了我们一家，现在怎么出现两家了？'我听说以后，也觉得纳闷，怎么可能：我们一直严谨守信，从来没有做过这样的事儿啊！'第二天，我们就到经销商企业去一探究竟。于是经销商就带着我们看他附近不到一公里的地方，的确有和我们厂家相似的产品。在那段时间，我们产品的名字叫‘熊猫’，其用意是为了纪念1993年上海东亚运动会，当时亚运会的吉祥标志就是熊猫，于是我便提议将熊猫作为自己商标品牌的代言者。针对这个问题，我们也一起到经销商那里去看了，无论从产品等级和档次，还是从品质和精致度，与我们的产品品质都存在很严重的差距。此外，我还发现，同样是熊猫，标签却跟我们不一样，于是当场与客户澄清了这个事实，告知他，我们并没有不诚信经营。”

这件事给了陈长富很大的冲击，他首先想到了维权，想到了诉诸法律，但工商局和地方法院都不受理。因为当时他们还没有注册自己的商标，于是陈长富当机立断，一定要给自己的产品一个名正言顺的身份，这样品牌才能得以延续，才能最大限度地赢得法律的保护，于是便有了“福庆”这个商标名字。名字的确定掐准了时代脉搏，当时是1996年，自主经营的企业还很少，像陈长富这样的江苏苏北企业更少，因为供过于求，就衍生出一些想赚快钱的黑老板。于是只重视钞票，不重视品质，做着做着就把自己做死了，这样的事情数不胜数，这也激发了陈长富做高质量家具板的决心，他认为：“苏北人骨血里的温度，就是我一步步坚持走下去的路，人生在见识拓展的过程中，也提升着他的高度，而我作为一个时代又一个新时代的经历者，总觉得其中的汗水和泪水都没有白流，我打造了属于自己的品牌，将专注的品牌精神做到了极致，我见证了它在时代下的辉煌，并希望它能一直辉煌地走下去，他带着大无畏的工匠精神，带着一种前所未有的强大魄力和活力，源源不断地润色了他写意的青春，成为所有人眼中仰视的焦点。陈长富对自己说："一直这样坚持下去，不管未来的我是否存在，你见证你的价值就好。因为我已经看清了你的价值本身，它是一种荣耀，一种坚持，一种金灿灿的美好，足够透过天边的星辰，照向任何一段诗和远方。"

有了企业精神，就要铸就企业文化，此外还要找到一批响应自己文化的人，在陈长富的企业管理经中，人才从来都是必不可少的元素。他说："我生在苏北，长在苏北，是地地道道的苏北人，我的企业是父老乡亲的企业，而我的人才也必将从这里开启和寻觅。"于是他为企业中的顶尖人才开启了优质化的培养选拔之路。不但在薪酬上不计成本，还连续培养出了好几个 EMBA。陈长富说："一个 EMBA 一年光学费就要 258000 元，但是我从来不后悔，因为我觉得我是在为我的企业添砖加瓦，为苏北的企业文化添砖加瓦，这注定将成为一面旗帜，将我们的企业打造成学习型企业，最终他们打造出了属于自己特有的生命口号，也是在企业运营中必不可少的三个习惯："运动让人生更有活力，学习让人更有价值，冠军让人生更加出彩！"陈长富说："实践证明他在领导力上并没有出现偏差，三个习惯成为企业运行中最富实践意义的策略，每一步都走得很坚实，每一步都走得很热烈。"

将理论结合实践，将实践变为习惯，这个过程说起来容易，做起来却没有那么简单。陈长富说："回望来时的路，人生的绚烂有如昙花，但信念却可以坚持永久，生命的成败本身，并不是由成就决定的，因为成就源自坚持，而坚持本身就是信念的延续。如若可能，他真的很想陪伴自己的公司走上一段更远的路，但如若时光荏苒，岁月镌刻下了皱纹的痕迹，他也欣然地将接力棒传到另一个人手里，因为他知道，企业的传承绝不是一个人就能成就的，它是一种恒久延续的力量，也是一份值得奋斗终生的事业。当一个人不再把工作当成工作的时候，他便成功了一半，因为事业和工作本身是存在区别的。"于是陈长富带着他的公司走上了一条属于自己的文化旅程，那里有他吃过的苦、走过的路、想过的问题和真切的情感，那里融入了他太多的设想和期待，于是他便成为时代最有价值的建造者之一。

宋某：用视觉语言、美学因素来诠释企业文化

很多人说忙碌是一个人生命中最为至真的价值，因为充实，所以心中

承载了无限的憧憬和希望，尽管在时间的轮轴上每个人都将经历不同的故事，也未必每一天都顺心顺意，但即便在面对落叶昏黄的时刻，转变一个角度，也能够拥有收获的甜美。这个世界上没有所谓的完美无缺，所有努力所能换来的结果，往往都要付出代价。尽管这种代价曾一度让自己产生困惑，但每当回眸远望的时候，不经意的欣喜就会涌上心头，或许此时你会说："哇！原来曾经的自己还走过这样的路，还曾拥有过如此丰盛的人生。如果时光倒转，或许我还会选择同样的路，一个字也不要动，一个念头都不必修改。"曾经有人这样问过某某标识集团董事长宋某："如果时光可以静止，你是否愿意将人生重来一次？"他抿着茶笑道："好不容易活到今天，为什么要回去，况且即便回去，也未必能够享受与当下媲美的绚烂人生啊！"

提到宋某，身边人的脑海中就会闪现出各种各样的绰号，如"工作狂""生意经""严谨的自我强迫者""一个拿学习当生命的人"。但不管怎么看，人生的维度都给予了他别样的韵律和风情，他用三十年的光阴打造了属于自己的商业帝国，用自己奋斗的历程见证了一条生命真理，他对别人说："这个世界没有什么不可能，谁被不可能限制了，谁的世界就会因此暗淡。"商海沉浮难免起起落落，这个世界上有太多忙碌的人，每个人都是如此辛苦，于是当这种辛苦在共鸣中产生碰撞时，反倒不愿意随便地将一切说出口。宋某也是如此，每当有人问他："几十年如一日，你真的不觉得辛苦吗？”他总是微笑着指着窗外说：“你看外面车水马龙的人群，扫地的很辛苦，送外卖的很辛苦，人流中哪个人不辛苦，而我的辛苦还不是和他们一样，既然都那么辛苦，何必天天要把自己的辛苦挂在嘴上，世间的每一份工作都没有容易的，越是细小的单位，越是难以达成精致，但不管怎样，这个世间一切的勤勉，从来都没有大小之分，我尊重生命中每一个人，每一个人的辛苦，同时我也珍重我自己的得到，正是因为有了这份辛苦，我才因此看到了别人看不到的世界，正是因为持续不断的坚持，如今才得以蜕变成自己满意的样子。当然这似乎也只是个起点，太阳升起的时候，每一天都是崭新的，而崭新的自己，值得崭新地对待。所谓挑战，从来都是生命中王者的游戏，我并不觉得经营自己的人生有多么辛苦，因为我本身就是那个最擅长辛苦的人。”

宋某是地地道道的长春人，1966年出生，这当然给他们一家人带来了无比欢乐。虽说就出身而言，他与别人并没有什么不同，但在很小的时候，他的心中就燃烧起了满满的憧憬和愿望。每当夜幕降临的时候，他就会坐在家门口的台阶上凝视天上的星空，想那天上最闪亮的星是否能与自己产生共鸣，他渴望有朝一日自己的人生也能如此闪亮地挂在天上，即便当下经历再多的挫败，也不会因此而丧失属于自己应有的金色光芒。

宋某说自己的童年可以用“卧薪尝胆”来形容，因为家境一般，父母虽然给予了他最好的物质条件，但和心中那最向往的生活相比，差距实在是太大了。他在学业上很精进努力，因为对于一个普通的孩子来说，学业的拼搏就是他那时候走出小城的唯一路径，最终他如愿以偿地考取了昆明理工大学工程测量专业，并以此为支点，开启了属于自己的理想旅程。

尽管理想有了新的开端，人生的考验却不是一帆风顺的，毕业以后的宋某也经历了很多生命的历练和沉浮，他打过工，也尝试过创业，他希望更进一步地挖掘自己的潜能，渴望用更丰富的知识武装自己，他贪婪地吸收着生命所赋予他的一切，在自我经历中，源源不断地收获着阅历和教训。尽管他在自己的岗位上始终是卓越的，却也时不时地会陷入迷茫。他问自己：“宋某，你是希望一辈子打着一份工，拿着一份不错的薪水混吃等死，还是开启一段崭新的旅程，尝试着做一些自己之前想都不敢想的事情？如若是你想要拥有更好的，那这个更好的在哪里？它到底是什么样的？而它又将给予你怎样的生活？虽然眼前的一切在很多人面前已经尽如人意，但你必须对你的未来做出选择，到底是停滞不前，还是决意换个活法？如果在人生长河中你还不算老的话，是不是应该再为自己多做点什么呢？”这样的自我对话曾经让这个年轻人在深夜辗转反侧，他感觉自己的青春在时间的流逝中渐渐远去，而那逝去的岁月，怎能成为千篇一律的无趣，人们常说，岁月不饶人，每一天的过去，都包含着他蠢蠢欲动的张力，他对自己说："既然怎样过时间都会远去，那不如就此正视光阴，岁月不饶人，我亦没饶过岁月。"

经过深思熟虑，宋某终于决意下海创业了，这看起来并不是一个容易的选择，但既然选了，就一定一条道走到底。他对自己说："就这么一直走吧，不混出点名堂，就不要回头，因为回头的烙印，将会如熔炉炼就的烙铁，每退一步，都足够让人痛彻身心。"于是他开启了属于自己的创业计划，从基础做起，不断地拓宽着属于自己的领域，最终他的公司于1992年成立，起名为北京某某标识集团，在近30年不断的创新发展中，他的集团企业成为国家标杆性的优秀纳税者，尽管后续历经了30年的艰辛和洗礼，产业领域却始终在不断伸展扩大，他用他企业家的大爱，源源不断地优化城市形象，提升企业品牌，他创造了属于自己的企业文化，所有员工与这位核心带头人成为坚不可摧的整体，他们的共同事业囊括汽车、能源、交通、物流、金融、地产、旅游、连锁店、商场、奢侈品等多个领域，成为了中国标识行业毫无争议的龙头企业。集团下设有多家公司，以及28个省、市、区服务网络为客户提供服务，注册资金一亿元，这在当时也真谓一大了不起的壮举。企业集团项目包括咨询、研发、培训、设计、生产、安装，整个生产线一条龙服务，成为一个很完整的运营体系。在环渤海经济圈北京基地、长三角经济圈苏州基地等建有国际领先的研发设计院和现代化生产基地。厂区总占地面积220余亩，建筑面积近16万平方米。目前标识产品出口澳大利亚、俄罗斯、东南亚、欧洲、南美洲、非洲等40多个国家和地区。倾力打造，用心服务。大匠聚心，智造未来。

取得这样的辉煌成就，很多人至少会沾沾自喜，但是宋某没有，他将他睿智的眼睛投向了更深远的海洋，那里虽然充满了未知，却足够拥有无限的可能和憧憬。此时的他虽然已是不惑之年，但在陪伴企业成长过程中，总觉得自己身上缺少了点什么。人们常说："书到用时方恨少。"他终于意识到，想要让企业拥有更大的格局，自己就需要以更全面的角度权衡自己的战略和思想，打造符合时代脉搏的全新经营模式，这样企业才能得到更为长足式的发展。在他看来，公司就是自己一手带大的孩子，如今这个孩子已经陪自己度过了30个春秋，为了他后续的成长，他必须为此储备更多的经济财富和精神食粮。

一个偶然的机会，宋某在一张报纸上看到了清华大学正在招收EDP总裁班学员，这则消息在保质的板块中仅是很小的一部分，但也足够给他带来振奋人心的惊喜。虽然自己是本科出身，但就学习这件事，从未失去过热情。于是他毅然决然地申请了学籍，正式成为清华大学的一名总裁班学生，在这里，每一个学员都有着丰富的阅历和知识，因为基本都是白手起家的总裁，宋某也从他们身上吸取了很多宝贵的经验。当然，最让他着迷的还是老师每天讲的那些实用性课程，他上课的时候注意力集中，下课的时候反复思考，他希望将理论变为实践，希望能够将所学的知识，折射进自己企业经营理念和设计，他希望从中找到最完美的契合点，正如人们说的那样："找到那个支点，让我翘起整个世界。"

宋某在清华的生活充实而美好，学到了很多知识，也交到了很多朋友，大家有的时候，会坐在一起喝茶聊天，在这个过程中不断地交流思想产生知识的共鸣，他对这样的生活无比陶醉，但内心却有一个声音不断地鞭策着自己："或许新的挑战已经来临，投身于全新的愿景，全新的可能，虽然需要魄力，也足够酣畅淋漓。"

就这样，宋某开启了属于自己的企业革新计划，他在中国的 8 个省设置了属于自己的分公司，打造了属于自己的 28 个服务网点，拥有 4 个生产基地，占地面积 220 余亩，建筑面积 16 万平方米，目前产品已经出口了 40 多个国家和地区，已通过 ISO 9001 质量管理体系认证、ISO 14001 环境管理体系认证、GB/T 28001 职业健康安全管理体系认证。被评为北京市"质量 AAA 级单位"，有 30 项技术荣获国家专利。APEC 国家会议中心标识产品指定供应商、德国奔驰标识产品指定供应商、世行贷款项目标识物品指定供应商、产品覆盖中国区所有城镇。公司现有两大生产基地：华北制造基地，坐落在北京东燕郊经济开发区，距首都机场 15 分钟车程，占地面积 40 亩，建筑面积 40000 平方米。华东制造基地，坐落在长三角"上海虹桥半小时"经济圈，距上海虹桥枢纽 28 分钟车程，占地面积 180

亩，建筑面积120000平方米。经过近30年的行业专注发展，该集团在城市形象、汽车、能源、交通、物流、金融、地产、旅游、连锁店、商场、奢侈品等领域取得了骄人的成绩。

除此之外，宋某还向他的企业和团队提出了新了的愿景和要求，集团同时专注于智能标识的开发与生产，内容包含智慧城市系统、智能交通系统、智能终端系统、智能场馆系统、智能亮化系统、智能云屏系统等多个系统的规模建设。在这项浩大工程的建设中，宋某的企业对自己的实践数据进行了全面精准的探讨和分析，他们看清了自己的优势，也补足了自己与他人之间的差距。此时他的公司就好像一匹奔驰在草原上的骏马，拥有强壮的骨骼和前所未有的驱动力。

宋某公司的核心优势究竟在哪里呢？对此，宋某有着属于自己的见解和信心。他曾经对采访他的记者说："其实做企业和过人生是一个道理，你的优势就是你的资本，就是你手里的王牌，尽管在经营过程中，每个人手里多少都有那么几张牌不尽如人意，但只要尊崇自己的特质，清楚自己的优势，即便在行情不利的情况下，依然可以打出自己的气势，玩儿出属于自己的个性和精彩。"

在宋某眼中，自己的团队是具备高效执行力的，是具备骨干精英配置的，是具有工匠精神的，是具有完美生产运营体系的，它是具有前沿科技概念的，是具有高端品牌文化的，它是年轻的，也是充满朝气的，它是向着太阳的，也是内心平衡宁静的，它具有高端企业一切的优秀特质，是他心中最得意的设计组合。对他而言，自己早已同公司融为一体，这里承载了他太多的愿景和生命，它早已成为他内在灵魂的一部分，而其中所蕴含的深厚感情，即便是千言万语，也很难真正诠释。他说此时他与公司的感情，早已化作意识中的本能，这里的每一砖每一瓦都倾注了他梦想的底蕴，他在用他的灵魂，源源不断地与之产生共鸣，他共情于它的分分秒秒，他沉浸于它的朝朝暮暮，这里有他太多恋恋不舍的情怀，也有他回眸一笑而过的往事，这里承载着他的希望，也充斥着他无数时光的印记。但不管怎样，如今的他与它成为不可分割的整体，他对它一往情深，它对他全力以赴。人生中最了不起的壮举，不是赢得了多高的资本和地位，而是能够躺在自己梦想的床上沉睡，宋某说："我始终觉得苍天带我不薄，能够让我找到一条属于自己的路，做一件自己喜欢的事，成就了一番属于自己的理想，如若这场梦能够一直向前推进，我真的希望能够将这叫作梦想的东西照进永恒。"

该集团有一条铁律叫作"全"寓品质，"车"意承载。所谓厚德载物，载的就是这个全字，车是手中的矛，行是脚下的路，历经风雨，商场风云变幻，可以金戈铁马披荆斩棘，也可以谈笑间，往日浮华淡看沧海。认识宋某的人都说："老宋这个人心胸豁达，他的格局永远站在时代的前沿，他的思路始终延续着超前的轨迹，别人不知道的时候，他行动了，别人行动的时候，他富有了，当别人将仰视的目光望向他的时候，他却总是一脸憨厚地说，自己不过是一个普通人，搞不清楚这是他心境的谦卑，还是在不受限中的超越，但不管怎样，回顾他的人生历程，那成功者的身份早已无可挑剔，这是客观事实，是禁得起时间验证的。”

在环渤海经济圈北京基地、长三角经济圈苏州基地等建有国际领先的研发设计院和现代化生产基地。金产品 = 金设计 + 金品质 + 金服务；“三位一体”化服务，该公司不只提供标识产品，更注重为您提供完整的解决方案，解决您在标识需求方面的实际问题。事情交给我们，给您一个放心！我们努力争创一个客户首选和信赖的公司，社会大众认可的公司，员工值得依托实现自我的公司、竞争对手尊敬的公司。倾力打造，用心服务，为人类环境更美好，共创辉煌的明天！

任时光穿梭，不论是过去、现在还是未来，不同的时间点，都有着对成败不同的诠释，每个人的人生中，都必将承载着诸多不确定，有些是风雨，有些是朝阳，但如若能够带着孩子般的眼睛去多角度地审视，就会发现其中蕴含着无比深刻的经验和宝藏，一个人的成就，就是在这样的历练中不断整合而来的，没有一蹴而就，而对于一个人来说，不管生命赋予了自己怎样的盛宴，自己所要坚持的，唯有“坚持到底”四个字！每当想到公司的明天，正值天命之年的宋某依旧拥有孩子般天真烂漫的笑容，他说自己还有很多想法没有实现，还有很多事情没有做，如果老天能多给他一些厚爱，他真希望自己能陪伴孩子走更远的一段路，即便不是永恒，至少心是永远。